U0680356

中国工程院院士

是国家设立的工程科学技术方面的最高学术称号，为终身荣誉。

中国工程院院士传记

周寿桓传

姚远 王卫平 著

中国科学技术出版社
人民出版社

图书在版编目（CIP）数据

周寿桓传 / 姚远，王卫平著 . -- 北京：中国科学
技术出版社，2022.12

（中国工程院院士传记）

ISBN 978-7-5046-9322-8

Ⅰ. ①周… Ⅱ. ①姚… ②王… Ⅲ. ①周寿桓—传记
Ⅳ. ① K826.16

中国版本图书馆 CIP 数据核字（2021）第 239715 号

责任编辑	李双北
装帧设计	中文天地
责任校对	张晓莉
责任印制	李晓霖

出　　版	中国科学技术出版社　人民出版社
发　　行	中国科学技术出版社有限公司发行部
地　　址	北京市海淀区中关村南大街16号
邮　　编	100081
发行电话	010-62173865
传　　真	010-62173081
网　　址	http://www.cspbooks.com.cn

开　　本	710mm×1000mm　1/16
字　　数	206千字
印　　张	16
插　　页	10
版　　次	2022年12月第1版
印　　次	2022年12月第1次印刷
印　　刷	北京荣泰印刷有限公司
书　　号	ISBN 978-7-5046-9322-8 / K·323
定　　价	138.00元

（凡购买本社图书，如有缺页、倒页、脱页者，本社发行部负责调换）

版权所有　盗版必究

周寿桓院士

周寿桓主持 2018 年全国激光学术会议

不同时期的周寿桓

重庆钢铁工业学校时期

重庆大学时期

中国科学技术大学时期

初到 11 所

"文化大革命"时期

转业证照

相亲相爱一家人

父亲周吉甫（摄于 1956 年）　　母亲杨霭君（摄于 1953 年）

周寿栐（摄于 1955 年）　　周寿莊（摄于 1957 年）　　周寿械（摄于 1956 年）

周寿樟（摄于 1957 年）　　周寿桓（摄于 1957 年）　　周蓉（摄于 1956 年）

周寿樑（摄于 1957 年）　　周茜（摄于 1956 年）　　周玲（摄于 1956 年）

欢乐幸福大家庭（摄于 2002 年 12 月 8 日）

参加合影的有：周寿栩、唐先凤、周寿械、周寿樟、曾霓裳、周寿桓、周蓉、孙世新、周寿樑、周茜、江声富、周玲、戴德荣、周婉、周萌、周娴、周曦、周旭、杨宾、杨路、杨力、周羽、周文、孙红、周姗、江南、陶晶、李晓红、姜南、蓝旭辉、周媛媛、刘桓、杨蕊、周紫薇、彭亚峰、彭元也

欢乐幸福大家庭（摄于 2004 年 5 月 22 日）

前排左起：杨力、周紫薇、江南、贾宜明（婴儿时）

二排左起：周姗、杨路、周玲、周茜、曾霓裳、唐先凤、彭元也、周蓉、毛宝芝、姜南

三排左起：周羽、江声富、周寿樑、周寿樟、杨辉、周寿梣、周寿械、周寿桓、戴德荣

四排左起：孙红、周婉、周娴、周媛媛、周萌、周旭

1979 年 11 月 25 日，9 岁的儿子周翊和 2 岁的女儿周婷随周寿桓母亲回到成都

1980 年 3 月 22 日，儿子周翊（右前）和女儿周婷（左前）在成都

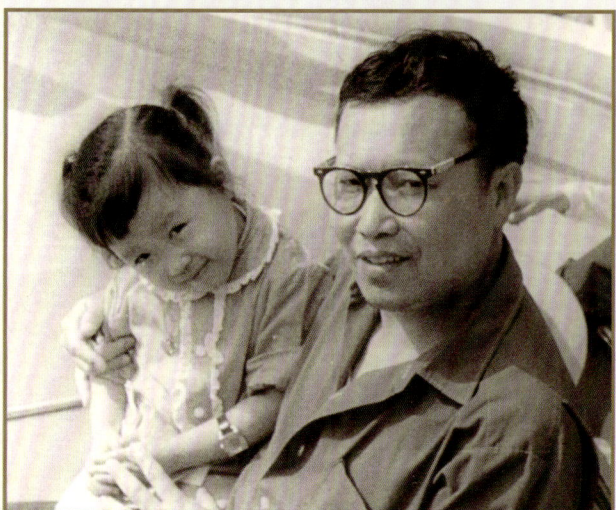

1980 年 7 月 5 日，女儿周婷来北京，父女享受难得的天伦之乐

孙子周宇辰 1 岁照

外孙田恩宇 5 岁照

周宇辰和田恩宇

周婷（摄于 2021 年）

周翊（摄于 2004 年）

周寿桓女儿一家人（摄于 2019 年）
左起：田岳鑫、田恩宇、周婷

周寿桓儿子一家人（摄于 2020 年）
左起：周翊、周宇辰、谢琪

2021 年 9 月 13 日，周寿桓与重庆科技学院老师在北京
左起：朱光俊、周寿桓、肖大志、陶兰

重庆钢铁工业学校师生合影

前排：毛国良、吴南田、何畴基、郭成绕、徐东生、冒怀丰、刘克敦、×老师、赵举安老师、徐天澍、李卓君、陈砚梅

二排：唐真杰、张庆生、陈启东、杨光焯、张文礼、刘平修、张培贵、刘公策、简端华、李碧清、林国瑞、周德智、魏福渝

三排：王方握、谢永和、全德目、王明录、戴文同、牟伯廉、何国甦、舒元香、李桂英、黄富蓉、周世芬

四排：周德昌、易种淦、张全孝、王佐时、万启华、严国海、周寿桓、张大友、周德梅、赵政敏、陈元杰、戴咏雪、刘芝荟

周寿桓与重庆钢铁工业学校的老师和同学在昆明

前排：王明录、何国甦、吴南田、不详、不详、张大友、陈启东

二排：不详、杨光焯、冯老师、王老师、张全孝、李卓君、周寿桓、徐天澍、陈砚梅、魏福渝、张庆生、徐东升、王文握

三排：不详、不详、戴咏雪、刘芝荟、林国瑞、不详、简端华、周德智、不详

2003 年，周寿桓（右）与好
友杨逸民在上海

1995 年，周寿桓（中）与好
友赵先尧、余宗莉在纽约

2004 年，周寿桓（中）与好
朋友倪木桃、汪成国在杭州

周寿桓（右）与电子工业部总工程师、11 所第一届所长罗沛霖院士亲切交谈

周寿桓（左）与中国电科集团时任董事长熊群力亲切交流

周寿桓（左）与 11 所时任所长
韩建忠

周寿桓（右）与中国电科集团
总工程师何文忠

周寿桓（右）与 11 所所长姜东升

11 所北京团队部分成员（摄于 2005 年）
左起：赵舒云、王建军、张大勇、赵鸿、周寿桓、姜东升、朱晨、于继承

2009 年 9 月 15 日，周寿桓参加国家自然科学基金重大项目"高功率全固态激光相关基础科学问题研究"学术交流会

2012 年 6 月，周寿桓参加"院士军营行"活动

2012 年 12 月 3 日，周寿桓参加"院士海南行"活动

中国工程院院士传记丛书

编撰出版工作领导小组

顾　问：宋　健　徐匡迪　周　济

组　长：李晓红

副组长：钟志华　蒋茂凝　邓秀新　辛广伟

成　员：陈建峰　梁晓捷　徐　进　唐海英

　　　　丁养兵　李冬梅

编辑和审稿委员会

主　任：钟志华　蒋茂凝　邓秀新

副主任：陈鹏鸣　徐　进

成　员：葛能全　唐海英　吴晓东　黎青山

　　　　赵　千　常军乾　侯　春

编辑出版办公室

主　任：赵　千

成　员：侯　春　张丽四　龙明灵　张　健

　　　　方鹤婷　姬　学　高　祥　何朝辉

　　　　宗玉生　张　松　王小文　张秉瑜

　　　　丁　宁　聂淑琴

总　序

　　20 世纪是中华民族千载难逢的伟大时代。千百万先烈前贤用鲜血和生命争得了百年巨变、民族复兴，推翻了帝制，肇始了共和，击败了外侮，建立了新中国，独立于世界，赢得了尊严，不再受辱。改革开放，经济腾飞，科教兴国，生产力大发展，告别了饥寒，实现了小康。工业化雷鸣电掣，现代化指日可待。巨潮洪流，不容阻抑。

　　忆百年前之清末，从慈禧太后到满朝文武开始感到科学技术的重要，办"洋务"，派留学，改教育。但时机瞬逝，清廷被辛亥革命推翻。五四运动，民情激昂，吁求"德、赛"升堂，民主治国，科教兴邦。接踵而来的，是 18 年内战、14 年抗日和 4 年解放战争。持科学救国的青年学子，负笈留学或寒窗苦读，多数未遇机会，辜负了碧血丹心。

　　1928 年 6 月 9 日，蔡元培主持建立了中国近代第一个国立综合性科研机构——中央研究院，设理化实业研究所、地质研究所、社会科学研究所和观象台四个研究机构，标志着国家建制科研机构的诞生。20 年后，1948 年 3 月 26 日遴选出 81 位院士（理工 53 位，人文 28 位），几乎都是 20 世纪初留学海外、卓有成就的科学家。

　　中国科技事业的大发展是在新中国成立以后。1949 年 11 月 1 日成立了中国科学院，郭沫若任院长。1950—1960 年有 2500 多名留学海外的科学家、工程师回到祖国，成为大规模发展中国科技事业的第一批领导骨干。国家按计划向苏联、东欧各国派遣 1.8 万各类科技人员留学，全都按期回国，成为建立科研和现代工业的骨干力量。高等学校从新中国成立初期的 200 所增加到 600 多所，年招生增至 28 万人。到 21 世纪初，高等学校 2263 所，年招生 600 多万人，科技人力总资源量超过 5000 万人，具有大学本科以上学历科技人才达 1600 万人，已接近最发达国家水平。

新中国成立 60 多年来，从一穷二白成长为科技大国。年产钢铁从 1949 年的 15 万吨增加到 2011 年的粗钢 6.8 亿吨、钢材 8.8 亿吨，几乎是 8 个最发达国家（G8）总年产量的 2 倍。20 世纪 50 年代钢铁超英赶美的梦想终于成真。水泥年产 20 亿吨，超过全世界其他国家总产量。中国已是粮、棉、肉、蛋、水产、化肥等第一生产大国，保障了 13 亿多人口的食品和穿衣安全。制造业、土木、水利、电力、交通、运输、电子通讯、超级计算机等领域正迅速逼近世界前沿。"两弹一星"、高峡平湖、南水北调、高公高铁、航空航天等伟大工程的成功实施，无可争议地表明了中国科技事业的进步。

党的十一届三中全会以后，实行改革开放，全国工作转向以经济建设为中心。加速实现工业化是当务之急。大规模社会性基础建设，大科学工程、国防工程等是工业化社会的命脉，是数十年、上百年才能完成的任务。中国科学院张光斗、王大珩、师昌绪、张维、侯祥麟、罗沛霖等学部委员（院士）认为，为了顺利完成中华民族这项历史性任务，必须提高工程科学的地位，加速培养更多的工程科技人才。中国科学院原设的技术科学部已不能满足工程科学发展的时代需要。他们于 1992 年致书党中央、国务院，建议建立"中国工程科学技术院"，选举那些在工程科学中做出重大的、创造性成就和贡献、热爱祖国、学风正派的科学家和工程师为院士，授予终身荣誉，赋予科研和建设任务，请他们指导学科发展，培养人才，对国家重大工程科学问题提出咨询建议。中央接受了他们的建议，于 1993 年决定建立中国工程院，聘请 30 名中国科学院院士和遴选 66 名院士共 96 名为中国工程院首批院士。于 1994 年 6 月 3 日，召开了中国工程院成立大会，选举朱光亚院士为首任院长。中国工程院成立后，全体院士紧密团结全国工程科技界共同奋斗，在各条战线上都发挥了重要作用，做出了新的贡献。

中国的现代科技事业比欧美落后了 200 年。虽然在 20 世纪有了巨大进步，但与发达国家相比，还有较大差距。祖国的工业化、现代化建设，任重道远，还需要有数代人的持续奋斗才能完成。况且，世界在进步，科学无止境，社会无终态。欲把中国建设成科技强国，屹立于世界，必须持续培养造就数代以千万计的优秀科学家和工程师，服膺接力，担当使命，开拓创新，更立新功。

中国工程院决定组织出版"中国工程院院士传记"丛书，以记录他们对祖国和社会的丰功伟绩，传承他们治学为人的高尚品德、开拓创新的科学精神。他们是科技战线的功臣，民族振兴的脊梁。我们相信，这套传记的出版，能为史书增添新章，成为史乘中宝贵的科学财富，俾后人传承前贤筚路蓝缕的创业勇气、魄力和为国家、人民舍身奋斗的奉献精神。这就是中国前进的路。

宋健

2012 年 6 月

序　使命呼唤担当

秋去冬来，喜事连连。

以反映中国电子科技集团有限公司（中国电科集团）著名激光专家、中国工程院院士周寿桓成长与科研发明为内容的长篇传记文学《周寿桓传》即将付梓了，这是中国电科集团政治、经济、文化生活中的一件大事、喜事。我谨代表中国电科集团向《周寿桓传》的出版发行，表示热烈的祝贺！

周寿桓是一个平凡的人。他与同龄人一样，有过苦难的童年，躲过日本侵略者的飞机，高唱过《义勇军进行曲》；参加过抗战胜利游行，亲眼看到成都宣告和平解放，人民解放军举行隆重的入城式。之后，见证了抗美援朝、三年困难时期、科学大会召开、改革开放。坎坷曲折的人生，让周寿桓经历了风雨，增长了见识。少年时期，他就立志发奋读书，为实现发明家的夙愿，挑灯夜读，把梦想与期待注入古老而新奇的字里行间，把理想与追求放飞灿烂星空的轨道之上……

周寿桓是一个普通的科技工作者。在学生时代，他崇尚老师们知识渊博，治学严谨的学风、教风，激发他如饥似渴、近乎贪婪地学习；参加工作后，他以"祖国的需要"为目标，把自己的兴趣爱好和国家、社会的需要结合起来，选择终生奋斗的专业，服从分配，刻苦学习。在钱学森等老一辈科学家的带领下，他利用科研手段和装备，不断认识客观事物的内在本质和运动规律，探索、认识未知的激光世界，肩负艰巨而光荣的神圣使命，一步一个脚印，取得了一项又一项科研成果。

周寿桓是新时代的楷模，是国之重士。他教书育人、敢为人先，淡泊名利、甘于奉献。面对"票子、房子、荣誉"，他不为所动——

涨工资，他让；分房子，他让；获荣誉，他让。他是学生们的良师益友。他关心学生们的工作、学习，更关心他们的价值观、世界观、人生观的形成，关心他们是否掌握科研发明创造的方法论，关心他们的爱情、婚姻，他与学生们的关系情同父子。他舍家为国，忍辱负重；将爱国之情、报国之志融入光电科学研究发明的主战场，承担起中华民族伟大复兴的历史重任。

周寿桓是中国"电科人"的骄傲。20世纪60年代中期，周寿桓逐渐进入激光领域。几十年来，他的一项项新技术、新革新、新成果，为中国电科带来了不可估量的经济效益和社会效益。1964年起，周寿桓从事固体激光工程及应用的研究，在全固态激光、高光束质量激光、高亮度激光、新型激光雷达、非线性频率变换等研究和应用领域取得重要成果：获国家技术发明奖二等奖1次，国家科学技术进步奖二等奖1次、三等奖2次，省部级一等奖5次、二等奖6次，光华科技基金二等奖1次；拥有专利30多项，发表论文200多篇，主编"现代激光技术及应用丛书"，编著《高平均功率高光束质量全固态激光器》。20世纪70年代初，他提出二极管泵浦固体激光器（DPSSL）的技术设想，在我国最早提出并开展DPSSL研究。全部国产元件DPSSL绿光输出功率先突破100瓦，打破国外禁运；高重频倍频DPSSL、Q开关单纵模DPSSL突破环境关、工程实用化研究取得突破。国内最先将非稳腔用于Nd:YAG激光器，开拓非稳腔、VRM腔、VWRM腔激光器，设计定型并发展成高可靠、高功率、高光束质量激光器产品。2013年，他领导的团队在国内率先突破万瓦级高亮度激光关键技术，实现输出平均功率13千瓦，光束质量 β =1.7，连续工作时间大于100秒。2005年，在国际上首次提出一种新概念激光（掺杂纳米晶激光）。2012年，他观察到激光输出，为国际首创。2018年，周寿桓与他的博士生一起发明了一种新型激光雷达。与普通激光雷达相比，在同样情况下所需激光发射功率减小了 5 个数量级。与国内单位合作率先实现 230 ~ 1390 纳米可调谐激光输出；研制成功跑道视程激光探测仪、气象激光雷达、激光水下探测试验系统等。2007 年，他率领的团队获选为国家首批国防创新团队，登上了世界光电事业的顶峰！

周寿桓是"光明的使者"，是激光事业的先锋。他曾任总装备部科技委兼职委员，工信部电子科技委常委，全国光辐射安全和激光设备标准化技术委员会名誉主任、顾问，中国电子学会量子电子学与光电子学分会秘书长、主任委员，国际电气与电子工程师协会高级会员，"973"项目、国家自然科学基金重大项目、"985"工程项目首席科学家。现任工信部电子科技委顾问、固体激光国家重点实验室学术委员会主任、中国电子学会量子电子学与光电子学分会名誉主任、《激光与红外》杂志主编、《中国激光》杂志副主编。

在艰苦的科研发明创造中，周寿桓以热血书写忠诚，用生命践行使命。他为中国电科光电事业立下的汗马功劳，将永远铭刻在中国电科的发展史册上！

使命呼唤担当，榜样引领时代。

周寿桓如一面鲜艳的旗帜、一座高耸的灯塔，他与他的团队、与中国"电科人"一道，汇聚起新时代砥砺前行的磅礴力量。一路勇往向前！向前！

是为序。

何文忠
中国电子科技集团有限责任公司总工程师
时任电子十一所所长

目　录

中国工程院院士传记

周寿桓

传

第一章 厄难童年

巴金先生和姥爷是邻居（斜对门），他在小说《家》中描写的情景我非常熟悉，也感到很亲切。只是记忆中我们这个大家庭比他们团结，没有小说中那么多矛盾。至今，我们表兄弟姐妹间仍然友好相处。小时候，十几个孩子一起上学、玩耍，淘气的事不少。这样的环境使我喜欢集体生活，性格开朗，珍惜友谊。

——周寿桓

正通顺街 105 号

成都很婉约。

巴山莽莽，山雄水秀。在 1.43 万平方千米丰腴的沃土上，这里人杰地灵，山川壮丽，林谷秀美。

成都很温润。

如同一位清新脱俗、聪慧伶俐的大家闺秀走进天府之国，亭亭玉立在"蜀道之难"的青天之下。

成都很经典。

这里有豪杰。历史上还曾涌现出一大批杰出人物，承载着中华民族优秀的精神品格，闪烁着四川人民独特的气质风范。

成都有名气的老街很多，比如老城区正通顺街。因为这里也有思想家、文学家、科学家……

98 号是人称李家大院的巴金的家，99 号是国民党元老四川省主席张群的公馆。

巴金故居原为五进三重堂砖木平房建筑，有大厅、堂屋、桂堂和院墙，整个住宅呈灰黑色，给人以凝重之感。唯独桂堂天井两株成熟的桂树，带来些许生机和活力。初秋时节，桂花满枝，香飘四溢。特别是秋阳破雾而出之时，阳光铺洒在桂树上，几个孩子围在树下嬉戏，笑声与桂花香一同飘向天外。

99 号张群公馆紧邻 98 号李家大院，屋内装饰豪华，室内的挂件、字画、摆设、家具与主人的高贵身份十分吻合。张群，字岳军，国民党元老之一，与蒋介石是同学，参加过辛亥革命、"二次革命"、护法运动、抗日战争和国共内战等，曾作为国民党方面三个代表之一参与国共谈判。

张群是一个享乐主义者，无论是从乱云飞渡的谈判桌上下来，还是在冗长的会议结束后，他常常是回到家洗完澡，就先睡一觉。他认为家一定是安放灵魂的地方，一切以安静为标准。

在幼小的周寿桓看来，98 号与 99 号的两位主人，恰是当时国人生活一文一武的典型代表。

岁月如梭，沧桑巨变。

105 号杨姓人家的深宅大院，在 98 号和 99 号的对面，现皆无踪可寻。1949 年以后，城市建设，百废待兴，几乎整条街都拆了重建。目前，仅存的 98 号巴金故居，连同有名的双眼井一起，被作为文坛泰斗故里重点保护起来。游人慕名而至，寻觅名人踪迹，为蓉城增添历史文化的厚重。

98 号封建官僚名门望族，99 号达官贵人地位显赫，而一街为邻的 105 号杨姓人家却普普通通。20 世纪 50 年代初，就是从这样一座普通的大院里走出了一名励志少年，后来成了著名激光科学家，他就是中国工程院院士周寿桓。

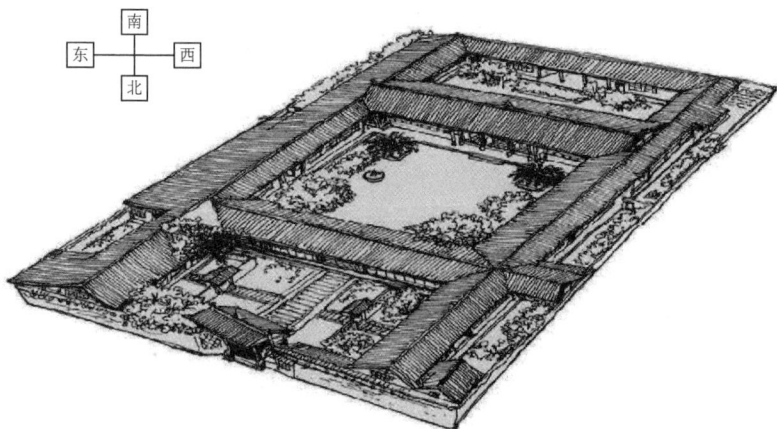

正通顺街 105 号示意图（杨达绘）

但是，这一段名人轶事，在双眼井社区、在成都、在四川却鲜为人知。

105号杨家大院是周寿桓姥爷的家。

姥爷姓杨，陕西高陵人，十几岁时随关中驮骡队做生意来到四川，打得一手好算盘，起初做账房先生，后来当了知县，去职后安家立业，买田置产，建了正通顺街的深宅大院。大院大门、二门、三门，前院、中院、后院，堂屋、后堂屋、厢房、耳房的好几十间，花园、果树、水井等一应俱全，隐于街里坊间，并无显山露水之嫌。听人讲，姥爷十分疼爱母亲杨霭君，视女儿为掌上明珠。母亲出嫁三天后，遵父命携丈夫周吉甫回到娘家定居。姥爷仁爱宽厚，对女儿一家管吃管住，分文不取，只图儿孙在身边，尽享天伦之乐。

周寿桓的爷爷迁居成都，在小南街颇具声望。爷爷写得一手好字，举人乡试，主考官批阅盛赞"字冠全场"。听父亲说，爷爷是一个十分严谨的书法家，擅长行书、草书。他认为书法是一门心与心对话的艺术，富有表现力，仅需一张纸一支笔，就可挥洒其上，交融渗化，黑白浓淡，情趣并出。爷爷对书法颇有讲究，在书法实践中，总结出一些心得体会，比如关于书法的格式，爷爷认为，不管是写中堂还是条幅，要气贯长虹，把握全局，精心构思，立意新颖，落款要错落有致，自然生动。书法界给爷爷的评价是"结体美观，行笔流畅"。

周家系书香门第，耕读传家，早先家底也殷实。父亲周吉甫，原籍陕西汉中褒城县周家山（今为勉县褒城镇周家山），毕业于四川文书专科学校，在银行做过小职员，后来在省政府当缮写员，也写得一笔好字。父亲兄弟三人：周申甫、周吉甫、周卷甫。大伯父周申甫，是成都有名的画家，中西绘画兼擅，民国时期在成都名重一时。

正通顺街 105 号，是一个相对封闭的院落，是周寿桓兄弟姐妹们的出生处、成长地。周寿桓从出生那一天起，就与这个大家庭相依为命，荣辱与共。

周寿桓兄弟姐妹共九个，大哥周寿栉生于 1931 年，大姐周寿莊生于 1932 年，二哥周寿械生于 1933 年，三哥周寿樟生于 1935 年，周寿桓生于 1936 年、排行老五，大妹周寿蓉生于 1938 年，小弟周寿樑生于 1945 年，二妹周寿茜生于 1949 年，小妹周寿玲生于 1953 年。

儿女们的姓氏后为何取"寿"为名？母亲说，是希望儿女们平平安安、健康长寿。

然而，父母对孩子们健康成长的寄托与期待，受到了生活实践的严峻考验。

周寿桓三岁时得了脑膜炎，七天七夜不吃不喝，病得很重。成都西医医院说，唯一的办法就是把脊髓抽光，才能保住小命。母亲听人说，脊髓抽完了人就完全傻了。"小小年纪就傻了，那怎么行呢？"母亲不愿意让儿子一辈子残疾，不忍心抽光脊髓。

不抽，又怎么治病呢？全家人都很苦闷。

正在这时，有个串门的亲戚听说后，便推荐了一个土方子，说是很管用。母亲觉得反正没得救了，不妨试一试。于是，照着土方子给周寿桓服了几副中药，万万没想到，药到病除，脑膜炎奇迹般地好了，而且没留下任何后遗症！

感谢慈母，感谢"中医"，给了周寿桓"第二次"健康的生命！

正通顺街 105 号是兄弟姐妹们自由的乐园。

周家爷爷去世早，哥哥们都没见过。杨家姥爷也早早过世了，周寿桓也没见过，对小南街周家宅院更没什么印象。虽懵懂记事，正通顺街 105 号的那些往事却仍然印记如刻,终生难忘。

小时卧室旁边的天井里的桂树,大院里的鱼缸、石榴、橘子、铁甲松,诱人的花香、青绿的桂叶、虬枝般的枝干……至今仍然铭刻在心,挥之不去。

家风孝善

杨家大院是一个大家庭,大家庭里有位大管家——母亲的大姐(姥爷的女儿中有一位未出嫁,长辈们去世后由她管家),孩子们都叫她"老子"或"碧爸"。"碧爸"好喝几口酒,就着花生米、豆腐干,一喝就是一整夜。

姥爷有言在先,女儿一家回娘家后管吃管住。周寿桓从小就是吃"大锅饭"长大的。大厨房给全家人做饭,菜的标准都一样,每

1999 年 10 月,部分家人合影留念
(前排左起:周寿桴、孙蕙祺、周寿樟、杨辉、李昌禄;后排左起:李家秀、龚德贤、杨达、周蓉、毛宝芝、周茜、周玲、李佩、冯家媛)

日两餐，上学念书的三餐。主食都是干饭，两菜一汤，汤主要是米汤。有的小家自己要添菜，就叫厨房做（当然要付钱），添的菜要给别家送一点去。饭后，大家都到姥姥屋里坐一坐，说一会儿话，之后男人和孩子散去，女儿一直陪在姥姥身边。

姥姥有盏铜质小炉，叫"五更鸡"。有趣的是，姥姥用它炖鸡：下面点个酒精灯，把水烧开了，鸡肉放在里面，隔一会儿，"咕嘟"冒个泡。到五更天，鸡炖得烂烂的，姥姥起来就可以吃。这情景，周寿桓记忆尤深。

儿时的周寿桓，并不晓得对门李家大院出了个大作家，后来才知道原来姥爷家与巴金家为邻。都是有头有脸的富贵大户，家境殷实不相上下，风俗习俗也相似。所以，巴金也对"五更鸡"煨鸡的情景十分熟悉。上中学读巴金的小说时，他便给同学们解释什么叫"五更鸡"。书中描写的环境，他都觉得并不陌生。但杨家没有小说中那么多矛盾，他十分感慨童年所处的大家庭能和睦相处，没有勾心斗角或明争暗斗，大院里风平浪静。

周寿桓记得，树上结的果子成熟时，全家人分享，熟了什么吃什么，好像从不在外边买水果。姥爷家院子里大概也就六七棵果树，有石榴、橘子、旗柑（柚子），还有两棵铁树，粗粗大大的，竖立在庭院中央很气派，铁树上的绒毛可以治流血。

姥爷过世后，两个姥姥也接着过世了。周寿桓出生时，就一个姥姥健在，她是母亲的亲娘。几个舅舅中有两个与母亲一母同胞。很多人住在一家，表兄妹一大群，很热闹也很和睦。这个姨妈那个舅舅的，却看不出亲疏生分，佣人雇工一大帮，并无尊贵卑微之别。

周寿桓自幼是干婆婆带大的。干婆婆姓陈，是母亲的奶妈。母亲出嫁了，奶妈也跟着过去。母亲回娘家来住，奶妈也跟着回来，一直没离开周家。在印象中，干婆婆带孩子、料理家务，任劳任怨，从来没有要过工钱。她管孩子就像母亲一样，该训就训，一家大小也尊她敬她，如同自家人。

周寿桓从小跟干婆婆睡在一屋。习惯了干婆婆唠叨，但最怕干婆婆给他洗澡。她用没捣碎的皂荚搓背，疼得他嗷嗷直叫。后来他上学离开成都，弟弟周寿樑跟干婆婆睡一起，据说也有过同样的经历、同样的感受。

姥爷家虽说是地主，与佃户家关系却非常融洽，从来没有欺负人家。有家佃户姓陈，三兄弟租种舅舅家一百亩地。每年缴租子的时候，推着很多辆小车来。差一点不够，也就算了，姥爷家从不计较。每年放了暑假，干婆婆带着他们去佃户家，就像走亲戚一样。他们一去，佃户家杀鸡磨豆腐，做改样饭。农家饭很好吃，兄弟几个抢着吃。吃饱了和陈家孩子一起去田野疯玩，下河摸鱼、游泳、抓虫子，几个兄弟开心极了。

父母老家是陕西人，周寿桓打小知道一些。把父亲叫"大大"，把姨妈称"老子""碧爸"，据说都随了老家习俗。母亲老家来的舅舅，教了他一首儿歌颇具西北味儿，他终生难忘："打锣锣，磨面面，舅舅来了吃啥饭？杀公鸡，公鸡打鸣哩；杀母鸡，母鸡下蛋哩；杀鸭子，鸭子跑到花园里……"

特殊的大家庭家风如镜，平等、包容、友善、仁义，点点滴滴，潜移默化，令幼小的周寿桓懵懂初开，受益匪浅。

人之初　性本善

幼时周寿桓几兄弟对少爷出身的父亲颇有微词。

周家笔墨传香，父亲传承爷爷的精髓，写得一手好字，几个兄弟在父亲指导下都练过毛笔字，也都没少挨过板子。他也不例外，默写《总理遗训》《三字经》，背不过写不好，就挨板子，打得手心火辣辣地疼，嘴上不说，心里不服。相比之下，母亲从没打骂过他们，总是晓之以理，慢慢引导，从不强迫，他们爱学就学，不爱学也不勉强，信马由缰，自由成长。

回想起来，周寿桓觉得自己受母亲的影响最大。母亲信佛，家里供奉佛龛，虽不天天吃斋念佛，但从不杀生。买鱼不买活的，卖鱼人深知缘由，偷偷把鱼摔死再卖。母亲从没占过任何人便宜，心地善良，街巷有名，邻居家保姆有了委屈也找她倾诉。

抗战时期，国土沦陷，难民如潮，尽管家中状况不甚好，母亲仍为路过的难民们送吃送喝。母亲读过私塾，懂的东西很多。《二十四孝》的"卧冰求鲤""戏彩娱亲"，还有"孟母三迁""安安

2014 年 5 月 11 日，周寿桓与家人
（前排左起：周建、周玲、周寿樑、周寿樟、蓝艾雯、曾霓裳、周蓉、贾宜明、江南；二排左起：周羽、杨路、姜南、江声富、周文、戴德荣、周茜；后排左起：彭亚峰、周晟阳、蓝旭辉）

送米"之类典故，小时都听母亲讲过。

母亲用讲故事的方式告诫儿女，做人一定要诚实，不能贪图小便宜。借别人东西一定要还，滴水之恩当涌泉相报。

母亲讲："从前有个江洋大盗，名叫刘芳。小时候捡个东西回家，他母亲便夸赞他，说他真乖真懂事，能捡东西了。他便老是捡东西回来，他母亲仍然赞不绝口。后来知道东西都不是捡的，是到邻居家偷的，久而久之，养成了偷盗的习惯。最后成了大盗，判了刑，他母亲才追悔莫及，怨自己从小没把孩子教育好，酿成大错。"

母亲讲的这个故事，他听过，哥哥弟弟们也都听过。

最后一位姥姥过世不久，大约在1946年，由舅舅主持分了家。虽然母亲是嫁出去的人，也分了一份。为了增加收入，还把前院、中院厢房的房子也卖了。周家从厢房搬到后院，以前住房的地面是木板，后来的是土地面，仿佛从天上掉到地上。母亲很淡定，干婆婆也没说什么。

"大锅饭"告终了！

这一变故，丝毫没有影响大家庭的和睦。孩子们仍然一起玩耍嬉闹，上学放学，不亦乐乎！而栖身杨家大院的周家，经济拮据，隐隐而现。

父亲是个小职员，工资最多够家中零用。母亲从小教育孩子们，别人吃东西不能看，要躲得远远的。弟弟回忆说："姨妈家儿子吃点心，我们什么都没有，三哥（周寿樟）、四哥（周寿桓）都这样教我，母亲也这样教我。小时候忍不住要吞口水，也要跑到外面大街上才能吞口水，哥哥们也有这个经历。姨家孩子拿着饼干盒到我家门外吃，母亲把门关上。母亲有难处，不愿看别人白眼，被别人瞧不起。"母亲说，什么苦自己都能吃，就只希望孩子们长大成才，为母亲挣回面子来。母亲讲，人穷志不穷！要有志气，要发奋努力，好好读书，长大了，自立了，才能供养母亲，母亲才能享福，母亲的希望全在他们几个身上。母亲肺腑之言，弟弟全然在心，周寿桓更刻骨铭心，立志成才，孝敬父母和干婆婆。

周寿桓由干婆婆一手带大，婆孙俩感情很深，对他影响也不小。干婆婆是个严厉而率直之人，非常节俭。弟弟回忆儿时往事，总记着四哥穿着接了裤筒的裤子。他个头长高了裤筒短了，干婆婆用布接了一截，上下颜色不一样。

回忆这件事，周寿桓说小时候穿好穿坏从不在乎。他深知家里困境，体谅母亲的难处。干婆婆说"挣钱好比针挑土，用钱好比水冲沙"，这句话他一直记得。

干婆婆心地善良，常年吃素，从不杀生，她常常讲"善有善

2002 年，周寿桓与家人
（前排左起：唐先凤、周茜、周蓉、曾霓裳、周玲；后排左起：江声富、孙世新、周寿栒、周寿械、周寿樟、周寿桓、周寿樑、戴德荣）

报，恶有恶报"的故事。晚上睡前讲，夏天乘凉讲，讲得津津有味，就像她亲眼见过似的。比如下面这个故事：

从前有个有钱人，心眼很坏。穷人在他的树林地里捡树枝，他心中不悦，便横生歹意。他不去阻拦，反而帮那人捡柴火，等背篓里装得满满时，假装帮人抬起来，然后顺势一翻把柴火都倒在地上。后来有钱人将死之时，他家人围在身边，他说不出话，用手指着隔壁然后断了气。此时，隔壁穷人家的牛正好下牛崽，这牛看到财主的家人泪眼汪汪。原来是财主转世投胎成了牛，到隔壁穷人家当牛做马去了。

干婆婆告诉周寿桓，在他没有出生前，周家还是挺富裕的。父亲随母亲回家住，没有太多生活负担。父亲家三兄弟分了田，父亲分到六十亩良田。当时姥爷家的一百亩田就能养活那么大一家人，可见六十亩良田确实是一笔很大的家产，可惜被父亲卖光、吃光、花光了。干婆婆总说父亲是"败家子"，抱怨他晚上有饭不吃，要吃点心；看不惯他爱打牌，一帮朋友围过来，天天打，等钱输光了就没人理他了。他记得，母亲偶尔也打麻将，跟姨妈舅妈她们，赌注很小，打着耍的。听说打牌时，家里的枕头如果是竖起来的，就能赢钱。所以，几个兄弟常常在母亲打麻将时，抢着在床上竖枕头，又在床上翻跟斗，常常把竖起来的枕头弄翻，妈妈赢不了钱，兄弟们相互埋怨。父亲卖地时，他还没出生，但他隐约记得祖坟周围还剩下三亩地，给看坟的农民耕种，不收租子，就为让他对坟园墓地有个照应。

看坟的农民非常老实，半天说不出一句话。他回忆说："有两次他进城到家里看我们，挑点新鲜的蔬菜来，母亲热情相迎，嘘寒问暖地拉家常，临别时一定要留他吃顿饭，走时还要给他找些衣服什么的带回去。"回忆起母亲这些和善的举动，他感觉很舒坦，也很亲切。

他记得小时候，父母经常吵架，他心里恨父亲。有一次父母动手打了起来，几个兄弟冲过去把父亲按在床上，抱腿的抱腿，按头的按头，拽手的拽手，母亲骑在父亲身上打（当然不会很重），不过很解气。

出身那样的家庭环境，他也曾叹息过，只是比穷人孩子多了富人的见识而已。长大之后，变得理解上辈人了，反倒觉得这样的成长环境，本身就是一种经风雨见世面的历练。他同情借酒浇愁的姨妈，同情无所作为的父亲，体谅善良、慈祥、无奈的母亲，感激勤劳、心直口快的干婆婆。正通顺杨家状况不佳，小南街周家败落，卖房子卖地，不一定全是父辈的错。那年月，日本人要来了，难民潮来了，国将不国，何以为家？

抗战"跑警报"

据《成都市志·军事志》记载，1938 年 11 月 8 日，日军首次空袭轰炸成都，直至 1944 年 12 月 18 日结束。抗战期间，日军轰炸成都 22 次，成都死伤 3400 多人。最大的一次轰炸在 1941 年 7 月 27 日，日军出动 108 架飞机，分四批共投弹 300 多枚，史称"7·27惨案"。

躲避日本飞机的轰炸，是周寿桓童年记忆中最惊心动魄的一幕。那时候人们习惯叫"跑警报"，姥姥去世前就"跑警报"了。当年成都是有城墙的，城头上挂灯笼为信号：一个红灯笼，日军飞机要来了；两个红灯笼，日军飞机快到了；三个红灯笼叫紧急警报，日军飞机临头了。警报"呜呜"地响起来，很是恐怖，城里人都从城门口涌出来往城外庄稼地跑。日军飞机走了，城墙上挂起绿灯笼，表示警报解除，躲在城外的人们才如释重负地返城回家。

那时候只要"跑警报"，一家人都紧张极了。姥姥已经行动不便，全家人首先顾及她，有一次来不及背姥姥出去，就护着她躲在桌子下。那时家里数周寿桓最小，后来又来一位"姥姥"一起住在杨家，一老一少是拖累，万一有情况跑都来不及。所以不管有没有警报，每天一大早吃完饭，这个"姥姥"就带一点钱，买点干粮，带着他出门顺着曹家巷出城躲到城外去。他那时年幼贪玩，出了城就到处走走逛逛，这个"姥姥"一步不落地跟着，天黑了再带他回来。那阵子日本飞机夜间很少来轰炸，老百姓感觉晚上会安全一些。这个"姥姥"回家进门总念叨，"到家了到家了，累了累了，快回屋去，早些睡觉"。

周寿桓上小学那年姥姥去世了。也许是战事吃紧，日本飞机夜间也来轰炸了。半夜三更警报一响，很是恐怖，睡得迷迷糊糊，被大人从被窝里拉出来。母亲拖着他，哥哥姐姐牵着母亲，一个拉一个，逃难似的，挤在人群中往城外奔跑，到了城外坐在黑咕隆咚野地里，远处传来爆炸声，心惊胆战的人都吓蒙了。等轰炸完了，解除警报，人们才松了口气。

那时即便摔倒跌破头，再痛也不哭不叫，因为大人说"小孩的哭声会引来日本飞机"。有一次，田埂小路，黑灯瞎火，人们一个挨一个，前面怎么走，后面怎么跟着。有个人说"那边路亮晃晃的，在这儿挤什么"，说着他朝亮处一走，"扑通"一声掉到水里了，原来亮处是池塘。

上小学时，白天"跑警报"由老师带着，也是从曹家巷往城外跑。入学之初，学校天天进行"跑警报"演练。大清早刚进教室，老师突然吹起紧急集合的哨子，同学们赶紧跑出来，边跑边唱《义勇军进行曲》。歌唱完了，队形站好了，学校还要逐班检查集合动作快不快，队列秩序怎么样。然后，大家再唱一遍《义勇军进行曲》。

《义勇军进行曲》一唱完，老师带着同学们就出城了，这是演习。后来真的遇到"跑警报"，还不止一次。白天日军轰炸，老师带着同学们"跑警报"，多半躲在曹家巷城外空旷的庄稼地里。老师管得很严，生怕有人走丢了或者发生意外。每次返回学校，老师们都松了口气，庆幸度过安全的一天。

国难当头，民族存亡攸关。对于刚刚有了国家、民族概念意识的小学生来说，爱国教育入木三分。他晚上随家人"跑警报"，次日上学，同学们闲聊头天晚上"跑警报"的事。在周寿桓印象中，有个同学最会吹牛，大家多半听他讲。他讲美国陈纳德将军的"飞虎队"，飞机涂成黑颜色，所以叫"黑寡妇"。"黑寡妇"里面有好几挺机枪，而日本鬼子飞机上就一架机枪，"黑寡妇"上去了，四面开火，把日本飞机"嘟嘟嘟"全打下来。

周寿桓说："现在回想他是吹牛的，我也躲警报，我怎么没看见'飞虎队'呢？但是大家都愿意听他讲，因为是我们胜利，打赢鬼子当然高兴啊！"后来晚上"跑警报"，他忍不住想看有没有"黑寡妇"。再后来，关于陈纳德"飞虎队"所向披靡，一架飞机能打日本好多架，大家都相信是真的。

周寿桓说："不管陈纳德'飞虎队'有没有出现在成都上空，因为帮助中国人抗战，我们小时候对'飞虎队'的印象非常好；因为美国帮助中国抗战，所以那时候对美国的印象还是挺好的。"

在印象中，还有一篇写中国飞行员的课文，飞机被日军击落，飞行员跳伞了。一大帮日本鬼子把他围住，他举起枪自杀了。课文很生动很感人，印象特别深：飞行员举枪自杀，为国捐躯，大义凛然，眼前大地上呈现出一片象征胜利的花海，日本人站在那里为他默哀。

周寿桓与家人
（左起：周玲、周寿将、周寿樟、周寿樑、周茜、周寿械、周寿桓、周蓉）

日本侵略中国，欺负中国，坊间时不时传来成都城里哪儿被轰炸了，哪儿死了伤了人了。小孩们幼小的心灵里恨透了日本鬼子。

1945 年 8 月 15 日，日本投降，抗战胜利。这个日子他记得非常清楚。街巷里报童边跑边喊："号外，号外，卖号外！日本投降了！日本投降了！"大人、小孩边喊边跑，手舞足蹈，碰到熟人大家争先相告。晚上成都老百姓自发挑灯笼上街游行，庆祝抗战胜利。小孩们也提着灯笼，加入游行队伍的行列。

抗日战争唤得民族觉醒。

每次唱完《义勇军进行曲》，老师都要鼓励同学们"好好读书，长大了打日本鬼子"。抗日英雄事迹令同学们敬慕不已，有的说长大了开飞机，有的说长大了造飞机，专门对付日本鬼子。

周寿桓读了课本里发明家爱迪生的故事，很崇拜爱迪生，于是立下志向，长大了要当爱迪生，当发明家。

孺子可教

周寿桓就读的小学是"八区一小"，在童子街，距离正通顺街

105 号不远。他在这里学习六年，经历了抗战的最后胜利，经历了解放前夕的黑暗日子，虽家境每况愈下，可少年壮志不言愁，他发奋读书，努力向上。

他坦言，自己小时候也很淘气，不愿听讲。初小高年级时变化很大，都因为班主任王老师施教有方。他记得，王老师二十岁左右，教语文和算术，人和蔼，气质好，说话风趣，善于启发教育，同学们表现好，她就讲故事以资奖励。她将"鸡兔同笼"这样古老的算术问题讲得十分有趣。他从小学起就喜欢算术课，考试总是班级第一，觉得很光彩。上了初中学了代数，有时解应用题，做完后仍然喜欢用算术方法再做一遍。他由衷地感激王老师，称她是自己的启蒙老师。王老师教书育人，教会他许多做人的道理。

一次算术考试时，坐在旁边的一位同学偷抄他的答案。那人一边抄一边嘴里还发出"咕唧咕唧"的怪声，令他又烦又讨厌，就想整这家伙。他故意把每道题的答案后面加一个 0，本想最后交卷时再划掉，结果粗心大意竟忘了。解题的过程正确，但每题的答案都多一个 0，从来没有这么低的成绩。王老师很诧异，批评了他，他满腹委屈又不好意思地说出了缘由。王老师严厉地说："难道我看不出来吗？以后心思不要用在这上面。"事后王老师又告诫他，不要使小心眼去惩罚别人的错误。这件事后，周寿桓甚为懊悔，教育尤深，他明白了做人要厚道，要与人为善，做事要尽量地给别人留些面子，更没有必要耍小聪明，使小心眼去惩罚别人。

因为在姥姥家跟一大帮孩子相处习惯了，喜欢过集体生活，周寿桓与同学相处得很好。加上母亲、干婆婆从小对他的教育和熏陶，他心性善良，懂礼貌，可谓品学兼优，王老师喜欢也信任他。有一件事让他印象特别深：有一段时间，放学后王老师常叫他去另一个单位送信，他总是一路小跑到达目的地，有个男的在门口等着，接了信，又交给他一封回信。回到学校时，人都走光了，王老师还在等，他把信交给王老师，才又一路小跑回家。他回忆说，那时候不懂，反正老师吩咐干活就挺高兴，不知道送的是什么。现在回想起来，应该是老师谈恋爱了。当年能给老师当"恋爱信童"，也算是一件有趣的事情。

他五六年级时，学校设立了奖学金，奖励年级前三名的优等生，并在颁奖会上请家长上台领奖。第一届颁奖，他榜上有名，母亲几次上台领奖，觉得很光彩，高兴得很！回家逢人就夸儿子。虽然由于物价飞涨，奖学金只颁发了一届，可他的前三名一直保持到毕业，让母亲十分欣慰。

弟弟回忆当年的情景感慨道："小时候四哥给我的印象，就是读书刻苦，十分努力。我们大家都在院子里玩耍，就他一个人在屋里读书。那时他跟婆婆住一屋，我特别想和他一起玩，他就是不去，我缠着他，他就把我背出门，放到大门口，再跑回自己屋。那时我还小，就慢慢跑回去找他，见他把门关了在里面读书，我就把脚从门缝伸进去，然后大声喊'压住我的腿啦，压住我的腿啦！'他就赶紧过来开门。当时印象最深的就是他每天都背着我跑，有时候他还背着我在河边转一圈，回来便忙着读书了。"

小学毕业的那年假期，胸怀大志的周寿桓拿着哥哥们的旧课本，自学了初等代数和平面几何，做完了书上的全

部分家人合影
（前排：唐先凤；后排左起：曾霓裳、张纯珠、巫素华）

部习题。遇到困难的地方没有人指导，往往自己要想好几天，想出答案后那种喜悦的心情难以形容。在自学钻研的日子里，他把能找到的习题做了再做，学习、总结、归纳、对比，举一反三，自思自悟，训练推理与逻辑思维，让他终身受益。

临解放那几个月，家境每况愈下，全靠变卖旧家具度日。周寿桓记得，家里有一个清朝的大青花瓷瓶，很便宜就让挑担子的买走了。那时候家人还摆过地摊，盆盆罐罐的瓷器还有雕花家具，大大小小，摆在门外。他负责看摊子，可由于只顾看书，不少东西丢了也不知道。

周寿桓小学毕业时正是解放前一年，是家里最困难的时候。那时候公立学校学杂费很少，报考的人很多，考分很高，而私立学校要交很多钱，家贫的孩子难以问津。各学校报考时间不统一，报名费是一块大洋。有钱家的孩子要报考三四所学校，他为家里着想，只想上公立学校。母亲拿出一块大洋，说："就这一块，考上考不上就它了。"年幼的他深知，那样的家境，能拿出这样一块大洋，实在不容易。父亲却说："你要是考上了，我在手板心上煎鱼给你吃。"

1951年，他顺利考上了成都市市立男子中学。那天看榜后，他兴冲冲回家，闹着要在父亲手板上煎鱼。母亲对父亲说，不必用手心煎鱼了，用锅煎也行啊！父亲只好窘迫地一笑。

黎明前的黑暗

坎坷曲折的人生经历，让周寿桓既享受过富人家庭的生活，也经历过穷人家庭的困顿。

周寿桓小时从没喝过牛奶，习惯了穿打了补丁的衣服和接了裤筒的裤子，滚着铁环上学、放学，乐哉悠哉！爱好游泳的他，习惯了一瞅四周无人，光着膀子跳下水去扑腾一阵，痛快痛快！他爱好打篮球，男孩们都要把布鞋脱了，光脚丫子上场，极少数有钱的同学穿着球鞋蹦来蹦去，让人羡慕不已。下雨天穿草鞋上学也是常事，放学突然下雨了，他就把布鞋脱了，光着脚跑回家。布鞋是干婆婆精心做的，做鞋买布要花钱，家里缺钱，他十分体谅。作业本从来都是用了正面再用背面，这习惯保持至今，他一生节俭，与小时候受过苦是分不开的。

解放前那两三年，周家屡遭厄难。姥爷家分家了，"大锅饭"没了，家里花销大了，兄弟姐妹七个齐刷刷长大了，要上学，要穿衣，要吃饭，像一窝嗷嗷待哺的小燕子。父亲那点微薄收入捉襟见肘，父母亲争吵多半是为了钱。国民党政府发行金圆券、银圆券，物价飞涨，雪上加霜。他记得很清楚，父亲发工资那天，他跟哥哥们早早跑到父亲单位门口等着，父亲拿了工资，一叠金圆券交给哥哥，哥哥们拔腿就跑，他年纪小跑不快，在后面拼命地追。哥哥急着拿纸币兑换银元。物价飞涨，纸币贬值快。父亲一个月工资，兑换了银元还能买几斤米，兑换不了就只能买一刀（一百张）草纸，黄色粗糙的手纸。他说："当年的金圆券、银圆券都见过，纸张非常好，单论纸张，父亲每月领回的纸币，要比一刀草纸值钱得多。钱不值钱了，不如草纸，我们拿来叠船，叠飞机，当废纸卖掉了。"

小学所在的童子街就有家米店。米价牌子一会儿一换，频频涨价，人们起哄抗议，米店索性关了门。人们一哄而上砸门，被当兵的挥动鞭子驱赶。

这样的情景，他目睹过好几次。物价飞涨，老师们一个月工资买不到米，"八区一小"的老师们罢教，上省政府请愿。学校组织学生去慰问老师。学生们目睹了平日受敬重的老师们在省政府门前马路上打地铺，心里很不是滋味。老师们看到学生们来慰问，很高兴，大家和平请愿，并无过激行为，站岗的卫兵视而不见，听之任之。

黎明之前，黑暗无边。偏偏杨家发生了一件大事，对于背靠大树杨家的周家来说，犹如"屋漏偏逢连夜雨"。大概是时局不稳社会动荡的缘由，在重庆工作的大舅提议下，与母亲一母同胞的两个舅舅（三舅和六舅）把地卖了。大家都分了钱，不收租也罢，起码还有饭吃，未必不是好事。

周寿桓记得很清楚："那个时候卖地，好热闹，卖了很多白花花的大洋。卖地还要证明人，证明人盖过章就可以分钱啦，我们小孩没有印章，摁手印也行。小孩摁个手印给一块大洋，所以非常高兴。分家后，各家分的多少不一样。周家也分了一份。"

当时六舅在一家银行当襄理（相当于副经理职位），大家就把卖地的钱统统都存在六舅的银行，这在当时算是个明智的选择。而且，所有佣人们分的钱也存了。

六舅很老实，结果被银行老板骗了。临解放老板卷着钱跑了，银行也倒闭了。周寿桓还记得胖乎乎的六舅哭丧着脸的表情。六舅特别善良，最终还是想方设法拿回了很少的本金，先把佣人们的钱还了，剩下的大家再分。分到多少孩子们并不知道，但从大人们哭丧的脸上多少懂得一些。

周家几个兄弟上学，舅舅们多有资助；家里生活困难，舅舅们时有接济。母亲常对他们说，要记得舅舅们的好，日后要知恩图报。然而，母亲背靠的娘家兄弟，一夜之间一无所有了，这种打击对母亲、对全家人都是致命的。

弟弟周寿檩回忆说："我记事起，母亲做手工，给别人织毛衣。再以后，全家人做工糊火柴盒，糊火柴盒挣上一两分钱。还有掐豆芽根，豆芽菜大概五分钱一斤，掐一斤豆芽五厘钱。我家附近有个菜市场，卖菜的人头天晚上把豆芽送过来，我们家赶清早把掐过的豆芽还给人家，一天能掐十到十五斤，挣个六七分

1995 年 2 月 12 日，部分家人合影
（左起：周寿樟、曾霓裳、张纯珠、周寿械）

钱。四哥写车牌，就是小板车、人力车，工商登记管理发的牌照，四哥用毛笔把那个号码描上白油漆。我年纪小，只会掐豆芽。"

千真万确，周家的困顿几乎到了山穷水尽、难以维系的境地。

感恩的心

黎明前的黑暗即将过去，天就要亮了。

1949 年 12 月，人民解放军第二野战军在刘伯承、邓小平的指挥下，发起成都战役。在解放军强大攻势和共产党正确政策领导下，国民党川军将领刘文辉、邓锡侯、潘文华相继起义，被困于成都的胡宗南乘飞机逃离。

12 月 27 日，成都宣告和平解放。

12 月 29 日，成都市各界 123 个单位组成四川省各界庆祝解放大会，欢迎解放大军胜利进入成都。12 月 30 日，解放军在成都市民的热烈欢呼声中，举行了隆重的入城式。

著名作家马识途老先生曾回忆道："（12 月 30 日）吃过早饭，几百辆大小汽车组成的车队，一个接一个，缓缓地向成都进发。我

作为前导，坐第一辆吉普车上。一进北门，站在街两边的欢迎群众就鼓掌欢呼起来。一串一串的鞭炮噼里啪啦地满街响成一片。许多青年学生在跳秧歌舞，有些人背上还写着'天亮了'。"

周寿桓见证了这一历史时刻。若干年后，他才得知欢迎解放军入城时群众高举的毛主席和朱总司令的画像，是伯父周申甫精心所绘。忆起当时情景，盛况历历在目："学校门口叫'簸箕中街'，入城解放军从城外要经簸箕街、北大街。路过学校门口，大家拿着小旗子，前面都围满了人，我个子小看不见，就使劲儿挤到前排，终于看到解放大军威武浩荡，跟着人们鼓掌欢呼，心情十分激动。解放军进城张贴安民告示，意思是解放了，各个人都要安居乐业、恪守本分、破坏者严惩不贷等。布告的标题是大红字，带公章，布告上落款两个人——朱德、毛泽东。"

周寿桓上初中不久，南京总统府插上了红旗。解放军挺进大西南直逼川渝，成都解放指日可待。周寿桓回忆说："那阵子上政治课，国共之争堡垒分明，都可以上台讲课，喜欢共产党的，说共产党好；不喜欢的，就说共产党不好。有个不喜欢共产党的老师吓唬学生说，'共产党来了，你们小孩子都要运到苏联去啊！'"提起这一段往事，他开玩笑道："去了苏联有啥不好？后来想去还去不了呢，留苏预备生选拔很严格的，知道这样，早早把我抓到苏联去，不是更好了吗？"

成都和平解放前夕，城里到处是退下来的国民党部队，周寿桓所在的中学礼堂也被占了，进校门经过的一座小桥上常有国民党兵站岗。

我们每次路过都要逗笑他，他也不理，站在那儿像根木桩子。记得有一天，听说解放军进城啦，是小部队进来准备接收，迎接和平解放。我们上课路过那座桥时看到还有国民党兵在站岗，就起哄说："解放军都进城了，你还在这里站个什么岗啊？"那个士兵说："没那事，叫我站，我就站着呗。"第二天，没人站岗了。有时校园里我们高唱《山那边呦好地方》。高年级学生领头，我们一起唱，有的国民党兵也跟着唱：

"山那边哟好地方，一片稻田黄又黄，大家唱歌来耕地哟，万担谷子堆满仓。大鲤鱼呀满池塘，织青布呀做衣裳，年年不会闹饥荒。山那边哟好地方，穷人富人都一样，你要吃饭得做工哟，没人给你当牛羊……"

当时很流行这首歌，是从解放区传过来的校园歌曲，反映了人们对新社会、新生活的憧憬和向往。

成都和平解放，入城解放军纪律严明，与米店门前挥鞭子打人的国民党兵截然两样。他看得清楚，辨得明白。

解放军站岗的战士给人印象相当好。有一次，群众因国民党纸币作废聚众闹事。一帮老太婆冲着解放军战士又吵又骂，推推搡搡，站岗的解放军战士一动不动，骂不还口，打不还手，听说是解放军规定不准打人。后来，大学毕业在国防科委所属的一个研究所工作。当兵了，才知道解放军的纪律有多严明。

……

国民党禁毒，只是在每年六月六日烧大烟。有时，在离学校不远的空地里，把收缴的鸦片烧了完事。对贩卖和吸食鸦片的，也不抓、不罚、不教育。烧鸦片这天，我们去看热闹，风一吹烟味飘过来，有人甚至过去吸一口。共产党就大不一样了。解放后戒烟，真把毒品禁止住了。政府把贩卖大烟的毒贩集中起来，组织学习，在我们学校大礼堂里举办烟毒贩学习总结会，好多人当场坦白认罪。

当时学校组织学生喊口号。那时初中生的政治头脑比现在孩子差远了。本来口号是事先拟好的，一个同学带头念，大家跟着喊，最后喊完了，他觉得不够又自己加一条："向坦白从宽的烟毒贩学习"！我们跟着喊，结果把政治老师鼻子都气歪了。骂我们："怎么这么没觉悟！你们要向烟毒贩学习什么？也要去卖大烟，然后坦白？"

那时候初中政治课讲新民主主义，进行政治思想启蒙教育。有一次政治考试，有一道题目是：为什么没有共产党就没有新中国？全班没有人答得出来。班上只有一个团员，他说是从五四运动答起的。大家一听很奇怪，这个还跟五四运动有关系啊？现在回想起来，当然有关系啦！

解放后上初中那阵，入团是很困难的。那个谈与五四运动有关的团员是班上也是年级唯一的共青团员，大家都很羡慕，觉得人家觉悟高、思想好。周寿桓因为不是团员，以"无党派民主人士"自嘲。但是，他对共产党领导下的新中国的感恩之心是由衷的，发自肺腑的。

新旧社会两重天。解放后周家大反转，二哥周寿械、三哥周寿樟、姐姐周寿莊，先后都参加了革命工作，父亲也当上小学老师，周家拮据的生活状况大为好转，再也不为一日三餐的吃饭、一年四季的穿衣熬煎了。抗美援朝战争爆发，二哥参加志愿军赴朝作战，自家门框上挂了"革命军属"的牌子。

周寿桓也报名参军，但因年纪太小没被批准，他越发刻苦读书，立志成为新中国建设有用的人，报效国家的栋梁之材。

初中记忆

金绳寺位于成都市金牛区簸箕街旁的绳溪巷，该寺虽历经千年，饱经风霜，却巍然矗立。据说，其因《法华经》中"黄金为绳"得名，传说寺前的小溪中有一条闪闪发光的金绳，看得见，摸不着，故为绳溪。成都市市立中学，正是在金绳寺旧址上扩充创办而成，后来一分为二，成了成都市市立中学和成都市市立女子中学；再后来几经更名迁徙，现为成都市第八中学。

成都市第八中学创建于1942年，1944年学校分为市立男中和市立女中。

周寿桓考上成都市第八中学不久，成都就解放了。真正的初中生涯，是在解放后度过的。

据成都市第八中学档案室资料记载，初1954级，于1951年秋入学，分成一班（55人）、二班（58人），周寿桓在一班。就是在这55名同学中，出现了三位专家——半导体专家邓兆扬，铁道专家臧其吉，激光、光电子专家周寿桓。

这是八中的骄傲！

学校有一个礼堂，就是从前的金绳寺大殿。解放前夕，这里曾经盘踞过国民党兵；解放之初，关押过接受改造的毒贩。今天，这些象征旧时代、旧思想的印痕渐行渐远，而新时代、新思想宛如春风春雨，徐徐袭来，滋润着校园里每一个人。

新学年的每一天都是新鲜的。成都市市立男子中学与成都市市立女子中学一墙之隔，周寿桓每天上学放学，都从女中门前经过。男中校门总是敞开着，而女中总是大门紧闭，门外安着电铃，有人进去时按响门铃，传达室老头出来开门放行。男生们对女中门铃产

2005年，周寿桓（左四）与中学同学在成都相会

生了极大的好奇心，一有空总是溜去按一按，等传达室老头来开门，他们早已跑得无影无踪。有一次，老头出来发现他们的背影，气急败坏地喊道要告诉校长。他们几个知道惹祸了，担心被记过处分，害怕得要命。周一早操后的全校讲评会上，老校长说：我以前有个学生，参加工作后手指头被机器"咬"了，据说此人小时候就喜欢按别人家的门铃。他们几个听得明白，心惊胆战。老校长点到为止，以幽默的方式批评警示了他们，女中门铃再也没人去按了。

老师的一言一行经常会影响到学生。老校长名叫李俊于，周寿桓对他敬慕有加，印象极深，说他工作一丝不苟，十分敬业，而且平易近人，从不大声呵斥学生，在师生中威望极高。"按门铃事件"让他从李俊于校长身上学到了仁慈与宽厚的品行，受老校长的影响，后来在无数次的政治运动中，他从不给别人"上纲上线"。

初一、初二班主任叫彭直均。他记得彭老师教代数是一绝，还是第一个教会他"把数学用到日常生活中的人"。彭老师锻炼身体的唯一方式是走路，走得又快又"准"，他带着同学们去郊游，大家有说有笑地走了一段路后，同学们问他走了多远？彭老师的回答总是令人惊异的准确。

跟着彭老师不仅数学越学越有趣，而且开始自觉坚持锻炼身体，每天跑步上学放学，风雨无阻。学校四周有绳溪、小沙河，岸边柳树垂依，清风习习，风景优美，是天然游泳场，游泳成了他夏日最喜爱的运动项目，小沙河成了他尽兴畅游的好去处。

中华人民共和国成立之初，百废待兴。普通中学的教育目标是："使青年一代在德育、智育、体育、美育各方面获得全面发展，使之成为新民主主义社会自觉的积极的成员。"上初三时，学校分配来了四川大学化学系的女大学生王瑞华，既负责学校团委工作，又是他们的班主任。他对她印象极深，他说，她对我们更注重品德的培养，平时表扬的多，批评的少，常常教导我们，要以国家需要为荣。那阵子，国家最需要探矿找矿发展工业，于是《勘探队员之歌》风靡校园：

> 是那山谷的风，吹动了我们的红旗，是那狂暴的雨，洗涮了我们的帐篷。我们有火焰般的热情，战胜了一切疲劳和寒冷。背起了我们的行装，攀上了层层的山峰，我们满怀无限的希望，为祖国寻找出富饶的矿藏。

周寿桓迄今仍记着那几句歌词，哼得出那激情荡漾的旋律。他说："我们那时候最好的志愿就是上地质学校。住在帐篷里，风吹雨淋，光荣得很啊。就因为是大家最向往的专业，思想好、觉悟高的同学才最有资格。班里那个唯一的团员、后来是年级团支部书记的同学上了地质学校。"

初中毕业时，正值第一个五年计划开始。钢铁工业成了重中之重。恰好重庆钢铁工业学校招生，同学们踊跃报名，周寿桓也不例外。他在班级学习拔尖，同学们为他放弃上高中、考大学的优势而感到惋惜，可火红年代激情召唤，报国之心，跃跃欲试，几个同学考上了，王瑞华老师热情洋溢祝贺他们好好学习，毕业了还能赶上第一个五年计划，到时候好好为国家建设贡献力量。

就这样，年仅十四岁的周寿桓胸怀远大理想，告别了家人，离开了成都，踏上了求学深造、锻炼成长、成就事业的征程。

沿蜀道出川，顺长江而下，过激流险滩，来到久负盛名的山城重庆。

第二章 励志成才

中专的三年是刻苦学习的三年，同学之间没有猜忌，亲如兄弟姐妹，现在仍然保留着那时的友情，仍然怀念那时的集体。教语文的王老先生，一字一顿地教导我，说："学如逆水行舟，不进则退啊！"，让我终生难忘。

——周寿桓

难忘的班集体

重庆很豪迈。

素以"火炉"著称于世的山城重庆，地处四川东部，华蓥山余脉之上。南有汹涌滚滚的长江，北有浩浩汤汤的嘉陵江。两条大江，像两只铁臂，挽着这座美丽而令人神驰的城市——山中的城，城中的山。高低错落，立体多姿。

周寿桓一踏上重庆的土地，就迫不及待地与同学一道来到市区中心，仰望那挺拔、屹立的解放碑，这是这座城市的标志性建筑。远道而来的人，到重庆一游，无论如何，是不会放弃仰慕解放碑英姿的机会。按重庆人的话说，到了解放碑，才算真正到了重庆。在周寿桓看来，这就如同到了成都，一定要去春熙路、杜甫草堂。重庆人节假日也都爱游解放碑，或携妻儿老小，或携亲戚朋友，走走、看看、瞧瞧。

重庆很潇洒。

巴山莽莽，蜀水泱泱，山雄水秀，状胜名章！重庆有大山、大水、大长江的资源，这是祖先给这方百姓留下的一笔丰富宝贵的财富。山是水之脊，水是山之脉，山无水不活，水无山不媚。大自然的无穷伟力造就了巴山，也成就了蜀水。端庄、清纯的嘉陵江像一位娴静的少女行走在蜿蜒的田坎上；豪放、奔腾的长江像匍匐爬行的纤夫一样剽悍、勇敢地在时代的大道上阔步向前！

重庆很人文。

周寿桓是从书本上知道了闻名中外的朝天门码头。那时，还没有《红岩》这部小说，他还不知道共产党人江姐与叛徒蒲志高在朝天门码头上暗地接头的故事。他在这里接受了红色教育的洗礼，看见了那依山而建的吊脚楼，那是这座城市个性化发展中的一道不败的风景，仿佛间，他感觉到了有一种力量在鼓舞着他，在支撑着他，在召唤着他！

重庆钢铁工业学校（简称钢铁学校，2004 年更名为重庆科技学院）是一个塑造人才的校园。

1952 年 11 月，时任西南军政委员会工业部副部长万里签署命令，将 1951 年筹建的前身为西南工业部钢铁工业管理局专修科的西南工业部冶金工业学校，更名为重庆钢铁工业学校。

学校坐落在重庆的西郊风景区和繁华区的杨家坪，交通十分方便。校园绿树成荫，四季花香，景色宜人，环境十分幽雅，具有得天独厚的地理优势，是办学读书的理想之地。

1953 年，重庆钢铁工业学校由中央重工业部拨款，在原巴县马王（九龙坡区）易地（今大渡口区钢铁村）兴建校舍，翌年春，学校迁此办学。

1957 年 8 月，周寿桓在重庆钢铁工业学校

1954 年秋，周寿桓早早进入学校报到，学号 54069，编入冶金装备 02 班。全班 47 名同学以成都、重庆、云南的居多，也有少数从西北、华北、东北来的。大家从五湖四海奔到一起，初来乍到，一看政治面貌，二凭个人感觉，班上唯一的党员徐天澍被选为班长，女生林国瑞当选为副班长。班上的团支书也是女生，名叫周德智。

学校新址新气象，班级新生

新开端。冶金装备 02 班里，大都为应届初中毕业生，也有个别带薪深造的公职人员。1949 年入党的班长徐天澍就是军转调干生。

徐天澍年长同学们四五岁，俨然是个大哥哥。身为共产党员的他处处带头，与人为善，又善于做思想工作，在班上威望很高，在学校表现突出，第一年当班长，第二年任校团委组织委员，第三年任校学生党支部书记。

徐天澍高高大大，林国瑞瘦瘦小小。慢慢地熟悉了，大家习惯称徐天澍为"大班长"，林国瑞为"小班长"。大班长、小班长、团支书，他们仨做主心骨，冶金装备 02 班风正、学风浓，团结互助，亲如兄弟姐妹，而且步调一致，都很有集体荣誉感。

崭新的校园集体生活，令周寿桓感受到这个班集体的和谐温馨，领教了这位"大班长"的党员担当与长兄风范。"大班长"是当过排长的，懂得指挥与服从，学校组织的文体活动，冶金装备 02 班从来都是旗开得胜，拔得头筹。为了锻炼体质，班上组织了长跑队，举行"重庆—北京"的象征性长跑活动。

新校址建成不久，校园绿化一时没跟上。班上自发组织义务劳动，栽花种草美化校园。"大班长"还别出心裁，从公安派出所借了几支报废枪支，带领大家搞军事训练，大家摸爬滚打，饶有兴趣，学了不少军事知识。所有这些，周寿桓都积极响应。那时候每到寒暑假，班上有同学想留校复习功课，或为节省路费等原因滞留重庆。学生食堂不开，"大班长"出面跟学校协商，把本班留校同学的伙食费领出来，食宿于歌乐山中学。领着大家搞勤工俭学，复习功课，参加社会实践，比如电影院收门票、打扫卫生之类的义务劳动。在徐天澍印象中，他积极追随"大班长"的寒暑假活动，三年只回过一次家。

学校那时用的是苏联四年制中专教材，四年制课本要三年学完，负担本来就很重，基础差的同学更为吃力。好在这个班集体互帮互学，学风浓厚。他在班上学习较好，帮助同学义不容辞。"大班长"是军转干部，初中毕业后就在部队工作，现在返校念书，忘得差不多的知识要重新捡起来。同桌周寿桓就给他讲解辅导，比如一些公式，是根据什么定理一步一步推导出来的，帮助他理解记忆。有个叫唐真杰的同学，打垒球时把腿摔伤了。"大班长"带着大家为唐真杰四处求医，先是拍片子打石膏，后来找老中医正骨，忙得不亦乐乎。唐真杰生病耽误了课程，大家都竭力安慰、帮助，整整花了一个暑假帮他辅导功课，唐真杰说他一辈子都很感激同学们。张庆生同学体弱多病，三天两头看医生，动辄误了上课，周寿桓主动帮他记笔记，给他辅导功课。他的乐于助人，在同学中传为佳话。

学校语文老师黄敬修五十多岁，是个老学究，精通古典文学，口才极好，每每朗读文章到悲惨之处，常常让学生们悲伤唏嘘，凄然泪下。老先生对冶金装备 02 班这帮年轻人看在眼里，乐在心上，称赞这个集体"团结如磐石，友谊似树根"。

同桌好兄长

那时候的周寿桓不善言辞，不事张扬，心思全在学习上，同窗三年，与班上多数同学交往不深。大家只是感觉他学习刻苦，为人忠厚，乐于助人，生活节俭。

那时候报考上中专的学生，不少人想着学成毕业，参加工作，为我国的第一个五年计划贡献力量。周寿桓似乎还有更多的希望，大家都感觉他心高志远，上进心太强。印象最深的是他经常在教室后面的黑板上做数学、物理题，密密麻麻写了一黑板，擦了又写，写了又擦，专心解题，旁若无人。为了节省时间，他从宿舍到洗漱间路上边走边刷牙。同学们回忆说，他住上铺，总是抱着书看，直到熄灯铃响了才罢休。平时除了上课和体育活动，他总是书不离手。至于他读什么书，大家当时并不是很清楚。

陈砚梅是学习委员，回忆当年，她这样说："周寿桓平时沉默寡言，学习刻苦令人敬佩，起先我还以为他不咋会唱歌，有一次班上搞活动，我让他唱，他就唱，而且唱得挺好的。可见，他平时内敛不张扬，做人低调。"

在班上，文艺委员戴咏雪是唯一去过周寿桓家的同学。戴咏雪是在云南出生的，毕业那年暑假，她去了一趟成都。当时周寿桓已经参加过重庆大学的招生考试，回家等候通知。戴咏雪找上门去，要他陪她一起回重庆。他们一起回到重庆后，参加了班集体组织的暑期勤工俭学活动，他们在电影院帮助收门票、打扫卫生，以及电影开始放映后的引导入座的义务活动，留下了一张珍贵的照片。戴咏雪回忆说，周寿桓刚开始觉得这工作还不错，天天有电影看，可还没等活动结束，每天几场次重复观看同一部电影，倒有点受折磨的感觉了。

团支书周德智回忆往事，直言不讳，说在学校时，跟周寿桓交往并不多。且言："人家学习好，又肯帮助别人，表现好嘛，没个啥子思想工作要做的"。还说，"印象中他老穿着褪了的色军装，早先以为他家有参军当兵的，后来听说是'大班长'徐天澍送给他的。他跟徐天澍十分要好，俩人学习生活互相帮助，要说了解，徐天澍对他最了解。"

周寿桓说："事实证明在钢铁工业学校上学那阵，我十分幸运，也是缘分，碰上了一个好的班集体，刚入学还跟徐天澍成了同桌。得知这位仁兄是共产党员，军转干部，我很是敬慕。后来看人家当班干部、党团干部尽职尽责，有板有眼，学习之外，一心扑在工作上。对人诚恳、心地好，觉悟高、能力强，有号召力，被全班同学拥戴。我跟着他，长了不少见识，对他非常佩服，他倡导的事，我从来都是一个积极的响应者。"

从徐天澍身上，周寿桓感受到一位普通共产党员公而忘私，勇于担当，襟怀坦荡的品质，坚定了听党的话跟着党走的决心，激发了为新中国奋斗的一腔热血。徐天澍介绍他入了团，培养他成为入党积极分子。徐天澍无微不至的关怀与帮助，情同手足，令他倍感温暖。这也成就俩人绵延一生的友谊。

在徐天澍记忆深处，那时周寿桓寡言内向，敦厚踏实，学习刻苦，记忆力超好，尤其是做人很有骨气。刚开始，发觉他用的笔记本练习本，总是一行横格写两行字，所以字写得很小，忍不住告诫他："一行格子当两行用，字写这么小，时间长了对眼睛不好。本子不够用，我给你呀！"他直摇头，给本子不要。徐天澍留神观察了，发现他生活上很节俭，到重庆上学后从不主动向家里要钱。徐天澍侧面了解到周寿桓家里还有弟弟、妹妹，于是再一次把新笔记本硬递给他说："我知道你是为了省钱，你有困难，我有工资啊！往后文具什么的，我供给你。"他面带难色，徐天澍进而劝道："你学习好，这么肯帮我，我生活上宽裕，为什么不能帮帮你？你若不要，就见外了。"周寿桓这才依了。

提起周德智说的军装的事，徐天澍记得一清二楚："刚入学的那年秋季，大概是农历十月了，家里衣服还没寄来，周寿桓还穿着短裤，上课前我伸手一摸，大腿上都起鸡皮疙瘩了。我便说，给你几件旧军装，凑合着穿上。周寿桓不要。我又说，莫要嫌我个头大衣服长，这不要紧，咱动手改一改，不费事。我好说歹劝，他才答应了。"

那时候新中国百废待兴，工业战线急需技术人才，对中专学校培养学生很重视，每月 9.5 元菜金，35 斤口粮，吃饭不成问题。困难的学生主要是穿、用、行方面的紧缺。徐天澍回忆说："我跟周寿桓朝夕相处，有时形影不离，也很谈得来，他家的经济状况隐约知道一些，他放弃上高中读了中专，其中一个理由就是不想给家里增加负担。那年代国家对困难生有政策照顾的，只要你有困难，写了申请，有关方面核实批准了，每月补贴几块钱，冬天还发给棉衣。我三番五次地动员他写困难申请，都被他断然拒绝了，他说困难不大，可以克服。他这人很有骨气，自尊心极强，我也不好再坚持，平时生活上尽量帮他一把。"

周寿桓也记着这样一桩事：有一次，几个同学结伴上街逛，走着走着，徐天澍他们进了一家点心店，他没有跟进去，独自返回学校。"大班长"回来后，再三向他解释"我们只是进去看看，什么也没买。"周寿桓坦诚表白，自己并无多想。尽管如此，他平时我行我素中流露出的自尊，大家多少还是感觉到一点的。

"大班长"徐天澍看重了周寿桓的为人品质和积极上进，首先在政治上关心他成长，亲自介绍他加入共青团。团支书周德智在他的入团申请书上这样写道："周寿桓同学帮助同学耐心，能主动给组织反映意见，但给同学提意见还不够大胆，团结同学不普遍，最后到会14人，赞成14人，全体通过周寿桓同学加入共青团组织。"

闻得周寿桓入了团，远在成都的母亲惊喜不已。

徐天澍本来还要培养他入党，有意让他参加入党积极分子的党课学习，帮他写了入党申请书。后来，组织去成都外调回来，说到了他大哥曾经是国民党党员的历史问题，尽管这个问题他在入团申请时如实说清了，入党申请书也如实说清了，但是当时入党要求严、标准高，学生党支部内意见相左，徐天澍只好作罢。

徐天澍很佩服周寿桓的天赋与勤奋，认准他就是读书做学问的料，毕业前学校老师极力推荐，他自己也想考大学继续深造，徐天澍闻讯在班里第一个表态支持。周寿桓如愿以偿，继续留在重庆上了大学。

徐天澍从钢铁学校毕业后，带头报名去最艰苦的地方，跟学习委员陈砚梅分配到云南澜沧县的澜沧铅矿，后来两人在那里结婚成了家。周寿桓一直跟他们保持书信联系，他离开重庆去中国科学技术大学时，专门把学过的大学课本寄给徐天澍，供他们自学参考。只不过，他们之间的联系，在"文化大革命"时中断了。

钢铁是怎样炼成的

时光匆匆，星移斗转。

2004 年 5 月，经教育部批准，位于重庆沙坪坝区虎溪大学城的重庆科技学院，由重庆工业高等专科学校和重庆石油高等专科学校合并而成。下属的冶金与材料工程学院前身的工业高等专科学校，再朝前追溯，便是周寿桓他们就读的重庆钢铁工业学校了。

冶金与材料工程学院大楼门厅中央，悬挂着这样一幅题字："钢铁是怎样炼成的"，署名为周寿桓。字体修长挺拔，笔锋刚劲有力。这是 2011 年周寿桓出席母校 60 周年校庆活动时特地题写的。

这幅题字，既是周寿桓对这里新一代莘莘学子经受千锤百炼的谆谆寄语，也是他当年在此刻苦攻读励志成才的凿凿写照。

20 世纪 50 年代初的莘莘学子，大都满腔热血报国心切，且凡佼佼者，无不怀着"天降大任于斯人"的使命感。周寿桓正是如此，从小学到初中，各科成绩每次考试均在 95 分以上，到了钢铁工业学校，学习成绩依然名列前茅。

那时重庆钢铁工业学校全面推行苏联教育模式，期终考试实行面试，学生逐个到老师面前，抽题答卷，现场以 5 分制阅卷给予成

1957年，周寿桓从重庆钢铁工业学校毕业，暑假参加社会工作
（前排左起：陈砚梅、周世芬、林国瑞、李卓君、李碧清、舒元香、李国英、戴咏雪、工作人员；二排左起：工作人员、工作人员、工作人员、刘平修、谢永和、张培贵、黄富蓉、工作人员；三排左起：刘克敦、张文礼、张全孝、王明录、工作人员、周寿桓、王左时、何畴基）

绩。其间，发生了这样一件事，对周寿桓一生产生了深远的影响。

那是一次期终考试，周寿桓顺利地答完抽到的考题，站在讲台前等黄敬修老师阅卷给分。要知道，黄老先生对冶金装备02班素有好感，而周寿桓对这位文史知识渊博的老先生一向敬慕有加。此刻，站在黄老师面前的他暗自欣喜，胸有成竹，准是5分无疑。

只见老先生慢慢地翻开了周寿桓的成绩册，点头称许成绩册上那一科一科的5分成绩，然后，一边把成绩册递给他，一边双眼透过厚厚的眼镜片打量着他，一字一顿地说："学如逆水行舟，不进则退啊！"

周寿桓当时听了老师这句话，半天没回过神来——是啊，在学业上，沧海一粟的自己，有何自满可言呢？扪心自问，怠惰之心自己却还是有的。渴望掌声的虚荣心还在心里蔓延，这是一种多么可怕的情绪啊！

他感谢老师的善意提醒，感谢老师对他的教诲，感谢老师在他迷途时给予人生指点！

一番反省之后，他把黄老师这句话铭刻在心里，从此，求知的道路上不敢再有丝毫的懈怠。

多少年过去了，黄老先生透过眼镜片盯着他的眼神，历历在目，语重心长的叮嘱，字字千金，不绝于耳！即便在"知识越多越反动"的年代，"学如逆水行舟，不进则退"的座右铭，同样警示着他、鞭策着他，他告诫自己：学习、学习、再学习，努力、努力、再努力！

牢记先生如灯教诲，难忘先生儒士身姿。后来听说黄老师在"文化大革命"中受到冲击而孤独离世，周寿桓千里之外惊诧万分，遥祭恩师，缅怀师恩，痛心疾首，难以释怀。

在这难忘的三年学习里，有一个适宜潜心读书的好环境。所以，周寿桓非常看重重庆钢铁工业学校这一段经历。就个人成长而言，这段经历影响了他的一生。除了黄敬修老师的那一句话，还有无意中发现的这样一本书。

在重庆钢铁工业学校图书馆，他无意中看到苏联人柯尔尼洛夫写的《意志与性格的培养》这本小册子，他被书中的论点吸引住了，几乎是一口气读完的。书里讲，胸怀远大理想的人必须具备克服一切困难的坚强意志。坚强意志有坚持性、坚决性、自立性和原则性诸多品质。而且令他茅塞顿开的是，可以在日常生活中培养坚强意志力，要求既要坚韧不拔，又要自律自制，再说明白一点，那就是在日常生活中有意识地用好的习惯代替不好的习惯，用好的欲念战胜不好的欲念，从而培养个人坚强的意志与积极向上的性格。

周寿桓说自己从小特别爱睡懒觉，以前每个假日周末都睡得全身酸痛才起床。读了这本小册子后，他按照书上的说法，预定一个目标，然后"坚持下去"。恰恰这时候，"大班长"倡导成立"重庆—北京"长跑队，他积极响应，报名参加，把克服睡懒觉和长跑锻炼作为磨炼意志的具体方法和对策。每个假日早晨无论多困，周寿桓都要按时起床去长跑，无论多累都坚持下去，绝不半途而废。无论是烈日当空还是雨雪风寒，久而久之，习惯成自然，他改掉了睡懒觉的毛病，养成了良好的生活习惯，锻炼了强壮的体质，在钢铁工业学校受益匪浅。此后，周寿桓一直不断地有意识地磨炼自己，最终形成了坚韧不拔的意志和品质。不经意间看到的这本小册子，就这样影响了他的人生。

从根本上影响周寿桓人生的，不止一本书，而是更多的书。同学徐天澍他们常常好奇，周寿桓整天都在看书，到底在看什么书？钢铁学校三年里，图书馆里的书周寿桓几乎读完了——与专业有关的书他读，与专业无关的书他也读。读了巴金的书，周寿桓才知道姥爷家跟巴金家是邻居，"五更鸡"就是那时在宿舍给同学讲的。读了《高玉宝》，心存疑团，暗自庆幸，姥爷家虽然是地主，却不像"周扒皮"一样，原来地主也有好坏之分。苏联文学读的不少，印象最深的有高尔基的《童年》《母亲》《海燕之歌》，尼古拉·奥斯特洛夫斯基的《钢铁是怎样炼成的》。此外，他还喜欢郭沫若的戏剧作品，《孔雀胆》《王昭君》《南冠草》《屈原》《棠棣之花》《高渐离》全都读过了。没想到的是，他所崇敬仰慕的郭沫若先生后来成了他的校长，有幸聆听过先生做的报告，这是周寿桓一辈子忘不了的。

周寿桓尤其喜欢郭沫若的剧作《屈原》。他说，郭老在创作时，思考屈原这一生该怎么写。苦思冥想，有一天，突然来了灵感，把屈原的一生凝结在一天的时间与空间，一挥而就，非常精彩。这是文学家与科学家的不同之处，文学家的思想可以有很大的飞跃，所以文学作品容易创新。相比之下，科学家则应严谨。不过，文学家的跳跃式思维，对科学家严谨的科学研究也是有启发的。这是题外话。

周寿桓沉浸于钢铁学校的读书环境里，如饥似渴，博览群书，志在千里。三年间，寒暑假只回了一次家。

周寿桓已经熟悉了山城重庆的气候、环境，熟悉了各科老师的教育、教学的方式方法，也习惯了少年离家后的集体生活。

弟弟周寿樑说："印象中，四哥就回来过一次。母亲后来对我说，四哥的老师说他成绩好又这么肯努力，不读大学可惜了，一定要推荐他去。要么保送，要么保送加考试。现在已经参加过考试了，成绩还不知道。"周寿樑说，四哥那次回来，就是征求家里意见的。后来，二哥、三哥都表示支持，说："家里有我们管，你读书，咱们都支持！"看到家里人都这么支持，周寿桓才下决心上大学。

学子心结

无论在哪个年代，周寿桓都面临过理想与现实之间的抉择。

抗美援朝，周寿桓踊跃报名，却因年龄太小，没有通过。初中毕业，他放弃读高中，选择重庆钢铁工业学校，一方面新中国建设急需钢铁工业人才，他报国心切；另一方面，家道中落，上中专不收学费，他想给家里减轻负担。

原本一心想读高中的周寿桓，犹记得当年还是初小学生时的自己面对日本人频频空袭，愤然发声"长大了当爱迪生"，这是懵懂少年理想抱负的纯真表白。想成为一名科学家的梦想，成了他在初中阶段学好数理化的动力。

周寿桓的这个梦想，在钢铁工业学校阶段隐隐而现，也成为他对自己的鞭策。由于重庆钢铁工业学校为中专，数理化等课程不如高中分量重。冶金装备专业培养中级技术人才，选用的工科类教材，偏重于实用性，相对于大学同类工科教材，内容虽压缩些，但实用性大大增加。周寿桓觉得功课比较轻松，便把更多的时间用在课堂外、课本外的探究性学习上，对数理化基础知识及冶金专业知识进行深层探究自学。

他想上大学!

周寿桓遨游于知识的海洋，越发意识到自己知识的薄弱，求知的欲望越发强烈。进校不久，周寿桓就得知往年中专学校有保送上大学的名额，这不就是自己圆梦大学的另一条路吗？老师和同学只知他学习刻苦，成绩优异，却不知他如此努力的真正目的是什么。

毕业前，"一五"计划进入尾声，国家经济建设出现"马鞍型"的调整期，往年的保送政策调整了，招生人数大幅压缩，保送的学生都得经过考试。周寿桓被学校推荐保送，并且顺利通过考试，被重庆大学冶金机械系录取。

周寿桓回忆说："那时我没有手表，为了不耽误考试，提前出发赶到考场。中午在考场

1958 年 10 月，周寿桓在重庆大学

门外休息，听到别的考生进考场，我才跟着一起进去。"

重庆大学创办于1929年，那时在全国也颇有影响。周寿桓背着铺盖，从大渡口再到沙坪坝，感觉与童年梦想更近了一步。

然而，入学半年，反右派斗争开始了。他虽未受到伤害，但却被这突如其来的"政治运动"吓了一跳，感慨这一路走来真不容易！

新中国之初，内忧外患。土地改革运动波及杨家大院，与母亲同父异母的"幺妈"被划为地主遭批斗，姨妈的命运也类似。两个舅舅卖地受了骗，却因祸得福，免了一顶"地主"帽子。周寿桓十分庆幸，舅舅们若不卖地，他们必是地主；若不被骗，那么多钱也不太好交代。杨家大院的房子大都成了公房。周家无房无地无商铺，阶级成分划分为旧职员，依旧住在姥爷家的老房子里，但算是住了公房了。值得欣慰的还是二哥、三哥和姐姐都相继成了共产党员，二哥周寿械赴朝参战，三哥在阿坝藏族自治州公安部队，周家成了革命军属。尽管如此，周寿桓还是少不了背着家庭的思想包袱，他的心结在于家庭出身和大哥的"历史问题"。

在那个讲阶级、论成分、看出身的年代，周寿桓父母皆出身地主家庭，再加上大哥周寿枏是黄埔军校二十三期学员、国民党党员，他觉得自己非"根正苗红"，因此缺少底气，只能"思想不通，干劲大，埋头做事，少说话"。但这丝毫不影响他政治上要求上进，学习上勇攀高峰。

就读重庆大学期间，周寿桓递交了入党申请书。重庆大学雄厚的师资力量和完善的科研配置，让他如鱼得水，畅游深潜，几乎把所有精力和时间都用在学习上。正因为他学习成绩优异，政治表现突出，才有了命运中的另一次重大转机——转入中国科学技术大学物理系学习。

　　周寿桓在重庆读书期间十分刻苦，五年仅两次回家，将节省下的助学金和点心糖果票带回去给家人。弟弟周寿樑说："四哥走后不久，给家里发来一份电报。母亲说，四哥要调到北京了。当时新成立的中国科学技术大学在各个大学抽掉成绩好的，好像重庆大学有三个名额，四哥是其中之一。他要坐火车从重庆去北京，车票是直达的，经过成都却回不了家。我和母亲按照四哥说的车次时间赶到火车站，我们匆忙在站台上见了一面。四哥告诉我们，他由学工科改学理科了，在重庆大学读了两年，选拔上中国科学技术大学再读三年。听四哥这么一说，母亲和我高兴极了。当时母亲给他说的最多，千叮咛万嘱咐，语重心长。我那时刚工作不久，对四哥又是敬佩又是羡慕，四哥千里挑一，从重庆转到首都北京上大学了，真是了不起！四哥要我好好照顾家人，叮嘱照顾好干婆婆。母亲当时很高兴，分别时恋恋不舍。火车开了，四哥使劲向我们招手。没想到的是，这一别就是十七年！"

　　周寿桓总结自己的人生经历，感慨万千：重庆钢铁工业学校这三年，是他攀登知识高峰、磨炼坚强意志，为实现远大理想而奠基的三年；是他青春不悔、友情长存的三年，是他一生铭肌刻骨、常忆常新的三年，也是他生命长河中极不寻常的三年！

　　一个好的班集体、一个好同桌、一个好兄长、一个好老师，一个好环境，还有一本好书，为周寿桓创造了一个又一个好的读书机会，他的眼前一片阳光，一片坦荡！

在科学的殿堂里

　　"天地君亲师"的中堂条幅或供奉牌位作为民间祭祀对象，周寿桓小时候见得多，听得也不少。敬畏天地，孝亲顺长，精忠为国，尊师重教，这些传统文化价值取向，为他的世界观、人生观和价值观的形成奠定了基础。

选调中国科学技术大学，是他人生的一大转折。乘火车北上，一路思绪不断，他想：没有共产党就没有新中国，有了新中国，穷人翻了身。自己更幸运，读了中专又上了大学，还有机会去中国科学技术大学继续深造。

这是周寿桓第一次认真地思考国家兴亡和个人命运，是他想得最多最深的一次。"在日寇的铁蹄下，小孩子说长大造飞机、造大炮，是懵懂的科学救国，这种思想还被批判为觉悟不高。但是科技强国，科学报国，总该没什么错呀！我们那一代人有报恩思想，滴水之恩当涌泉相报，大概是政治觉悟不够高的缘故，哪知报恩的思想也受批判要检讨。不过，我那时就只想着一点，到了中国科学技术大学，加倍努力，攀登知识高峰，反正学问越大个人作为越大，对国家的用处就越大。"

到中国科学技术大学的第一个周末，几个同学步行去天安门广场，他们从中关村出发，一路开心极了。

北京很伟大。

北京位于华北平原北部，毗邻渤海湾，上靠辽东半岛，下临山东半岛。诚如古人所言："幽州之地，左环沧海，右拥太行，北枕居庸，南襟河济，诚天府之国。"全国人民心系北京城，北京连着五洲四海。

北京很气派。

北京有金碧辉煌、庄严绚丽的故宫，有史称"天下九塞"之一的八达岭长城，还有皇家园林颐和园、风景秀丽的香山公园。

北京很雄伟。

与故宫隔长安街相望的天安门广场，见证了北京人民不屈不挠的革命精神和大无畏的英雄气概，五四运动、一二·九运动都在这里留下了浓重的色彩。

周寿桓在天安门广场瞻仰人民英雄纪念碑，站在金水桥畔遥望天安门城楼，满怀崇敬之心，暗暗于心中立下誓言——科技报国，任重道远，勇往直前！

周寿桓在中国科学技术大学就读的三年，故宫、颐和园未曾去过，除了买生活用品几乎很少出校门。那时二哥周寿械已经调到解放军总参谋部工作，两兄弟却很少碰面。他争分夺秒，夜以继日地忙学习。只有一次例外，那天周寿桓灰心丧气跑去找二哥。见了面却开不了口，只是掉眼泪，原来他把饭票丢了，去找二哥求助。

当时中国科学技术大学建校才两年，还没有完整的校舍。课堂设在中科院相应的各个研究所，物理系就在物理所念书，讲课的老师都很有名气，都是本行的顶尖科学家。周寿桓印象最深的是听钱三强、李荫远、钱临照、洪朝生、张志三等先生讲课。在图书馆还常见到研究康普顿效应并作出杰出贡献的吴有训先生。尤其令他感到惊喜的是，中国科学技术大学第一任校长是郭沫若。

周寿桓读过郭沫若的许多作品，自然很崇拜他。他回忆说，郭校长作报告时讲，科学家要有诗人的思维，诗人要有科学家的严谨。郭校长的这些道理对他启发很大，开阔了他的思路。

周寿桓回忆说，中国科学技术大学的老师们知识渊博，治学严谨，授课旁征博引，让人听得入迷。自己在近代物理及相关数学知识的海洋里，流连忘返，没有学习的艰辛，却有一种艺术的享受。他深感自己的不足，进而激发了强烈的求知欲，如饥似渴，废寝忘食，简直是贪婪地学习，一心想把此前"政治运动"中浪费的时间补回来。那阵子考试很辛苦，考完了大家就扔了书，放松玩去了，宿舍没人看书了，只有自己还在看书。

周寿桓在回忆中国科学技术大学的一篇文章中写道：

令我难忘的老师很多：教低温物理的洪朝生先生、教统计物理的李荫远先生、教原子物理的张志三先生。讲授固体物理的钱临照先生总是谦虚地说："只能讲最熟悉的一章。"年轻一些的老师也都是出类拔萃的技术尖子，教量子力学的朱砚馨老师、教复变函数的诸老师。我与他们年岁相差不多，知识却差之甚远，他们便成了我心目中的追求目标。大师们精深广博的知识、谦虚诚挚的态度、献身科学的精神、严谨细致的工作方法、高尚无私的道德，让我终身受益，永远是我学习的楷模。

做学生工作的老师们品德高尚，我记得最清楚的是游光陪老师，对同学满腔热情，推心置腹，什么苦差事他都抢着干。

1962 年，周寿桓与同学在中国科学技术大学宿舍楼顶

周寿桓说自己求学的每个阶段，都得益于老师们的厚爱与教诲。小学的王老师，初中的彭直均老师、王瑞华老师、李俊于校长，钢铁工业学校的黄敬修老先生……他们教书育人，言传身教，在学习兴趣、学术意识的培养方面，可谓一日为师，终身难忘。更有甚者，他从中国科学技术大学的老师们身上，感受到了他们对国家民族担当献身的精神。"我的老师们，好多都是解放初期就辞职回国的。什么也不要，不计较待遇，不在乎个人得失，就为给新中国科学事业效力，为振兴中华民族效力。我在中国科学技术大学那阵，正是困难时期，他们这些人，大概是一月两斤带鱼就算是补贴，这个我特清楚。他们这些人识大体、顾大局，与新中国风雨兼程，同舟共济。这种担当精神、献身精神，是传承给我们晚辈最好的精神财富。"

周寿桓大学毕业时正值困难时期，那时有个传统，每年都要向全国的大学毕业生作动员报告，北京的学生在人民大会堂现场听，外地的学生通过广播或文件转达。周寿桓有幸在人民大会堂聆听了时任外交部部长陈毅和北京市市长彭真的报告，犹记得陈毅鼓励同学们打起背包到祖国最需要的地方去贡献青春。大家深受感染，热血沸腾。当时的实际情况是，他们那一届学生，由于入学时国家困难，招生人数为历年最少，能够考上大学已属不易。然而，毕业时国家又面临困难，分配工作也很难。彭真市长作报告时，坦言以对："你们两次都遇到'马鞍型'，但是大局为重，来日方长！"周寿桓当时心想，事已至此，没必要纠结。"所以我一辈子没有对哪件事情耿耿于怀，很多事情过了就过了，倒霉就倒霉，心态平淡，也无所谓。"

毕业分配时填写志愿，老师建议：第一、第二志愿可以填服从分配，第三志愿可以填写自己的想法，组织上如果能照顾，就会照顾的。周寿桓毫不犹疑，三个志愿都服从分配。他说，大多数同学

1962年，周寿桓中国科学技术大学毕业证照

都这么填写，当时没有一定要留在北京的想法，如果填了自己要去哪儿就好像向国家要什么，很丢脸。三个志愿都服从分配，是发自内心，是以祖国的需要为己任。

周寿桓被分配到国防部第10研究院第11研究所。他说："当时我们毕业前在中关村那边，单位来车接我们去报到。拿着行李一上车，怎么不大一会儿就到了？简直喜出望外！原来分配的11所就在北京。脑子再一转，如梦初醒！自己要留在北京上班了！"还有更令他喜出望外的事，之前大家稀里糊涂，只知服从分配，也没顾上打听分配报到单位的子丑寅卯。到了才知道，原来11所属于部队编制，报到即入伍。惊叹欣喜的是，自己一转眼成了现役军人，不久就穿上解放军军装了。

周寿桓夜不能寐。他没有想到"当兵梦"就在自己丝毫没有准备的情况下，悄然无声地来到身边，是福，是喜，他在梦中问自己……

第三章 蹉跎岁月

刚毕业就分配到这样一个部队编制的研究所，当时中国到处都是"政治挂帅"，特别是在部队，更是政治高于一切。但聂荣臻元帅顶风大力抓科研，整顿科研秩序，整顿科研作风，并规定了一个"六分之五"，即一周五天搞科研，一天（周六）搞（政治）运动，而且"雷打不动"。

——周寿桓

"五好战士"

周寿桓做梦都没有想到这辈子还有机会当兵。

1950年6月，朝鲜战争爆发。中国应朝鲜政府的请求，作出"抗美援朝、保家卫国"的决策，迅速组成中国人民志愿军入朝参战。

那时，学校操场上拉起横幅，墙上挂着标语，内容大都是"抗美援朝，保家卫国"之类。学校每天的广播内容，大多是请战书、决心书、声援书，同学们听了个个摩拳擦掌，跃跃欲试。

周寿桓也来到报名处，想要参加志愿军。登记的老师说："你还小，好好读书吧，让大哥哥大姐姐们去保家卫国。"可是，他看见二哥穿着志愿军服装，十分神气，心里羡慕极了。他多么想随二哥一道跨过鸭绿江，赴朝参战啊！

当兵，当好兵，一直是他的梦想。

没承想，大学毕业后竟有机会穿上了军装。到连队当兵锻炼的一年中，周寿桓凭着吃苦耐劳的精神，获得了"五好战士"称号，这张证书至今珍藏，他视为一生中最高的荣誉。

1961年5月，中央军委批准组建军事无线电电子研究院，称国防部第10研究院。1961年12月29日，以石家庄高级步兵学校为基础，组建10院，执行兵团级权限。国防部第10研究院第11研究所属部队编制，番号7510部队，后改为总字723部队。

穿上军装不久，国防部一声令下，从家门到学校门再进机关门的"三门"干部，一律下连队当兵锻炼一年。周寿桓被分到北京军区通信独立团第八连，驻地河北省香河县。

下连队当兵，领章摘了，穿着"四个兜兜"的军装。可是出了军营，当地老百姓一眼就认出了："这是当官的，下放来的。"

军营一年摸爬滚打，吃了不少苦。

部队住营房吃饭时，首先全连集合列队走到食堂，边走边唱歌，到食堂门口停下来再唱，然后领队宣布"开饭"，一窝蜂跑进食堂。

食堂里摆有方桌，没有坐凳，每张方桌上摆两盆菜（改善伙食将增加不少荤菜）。一个班的战士围着一张方桌吃饭。食堂中还摆着一个大饭桶或一大簸箩馒头，自己拿碗去盛饭。刚开始，看到那么多人挤在一个桶前抢着盛饭，不好意思去，在旁边站着等。没想到盛饭的人还没有明显减少，盛第二碗的人又来了。好不容易盛上一碗饭，没吃上几口，吹哨集合，要排队回营房了。到后来，就学战士们的样子，抢先盛饭边走边吃，狼吞虎咽倒也酣畅淋漓。"环境改变人，现在叫我细嚼慢咽，已经慢不下来了。"

下连队当兵就得像当兵的样子。打背包方方正正，叠被子四棱四角，这些基本功得靠一遍遍的练习，不仅要符合《军务条例》的要求，同时速度还要快。半夜三更紧急集合，哨子一响，有时候不能开灯，要检验在战时条件下整装待发的速度。团里集合，最慢的要受批评。谁拖了班里、排里、连队的后腿，谁的压力最大。

集合哨一吹响，马上跑去集合，有人一边穿裤子一边跑，有人一边打包背东西一边跑。集合了，跑一圈，班长们老是盯上三两个落后的，譬如裤子穿错了、穿反了的状况都有。我还算比较机灵，很快适应了，还没出过拖拖拉拉的笑话，都做得挺好。部队军事训练，全部武装，长途跋涉，射击打靶，这些军事科目我都没有拖班排的后腿。

无论在驻地还是外出执行任务，晚上都要站岗。部队最讲究警惕性，那年月讲阶级斗争，讲无产阶级专政，革命军人必须有对敌斗争的高度警惕。比如，睡在农民的炕头上，脑袋不能冲炕沿要冲里面，不然晚上敌人摸黑上来正好砍脑袋。

一班岗大概一个小时就轮换，别人回来马上就睡了，我站岗回来睡不着。大冬天外面冻僵了，回去怎么睡啊？那时六点起床，只要四点钟轮我站岗，我就一直站到六点钟，不让后面战士来换岗了，为此还受表扬呢。

穿着"四个兜兜"下部队，与其说是"当官的"，不如说是放下架子接受锻炼。不光在行动上，而且在感情上要和战士们打成一片。

周寿桓很快学会了理发，而且手艺很好，不管是在驻地还是外出，他都把为战士们理发当作一件快乐的事。

那时候，一个礼拜洗一次澡。摸爬滚打一个礼拜，出多少汗，身上有多脏？当兵时，一个大池子烧满热水，全团按顺序洗澡，每个连队洗半个钟头，一连先洗，接着二连、三连、四连……等到我们八连，那个水都成浑水了。一连人"扑通扑通"跳下去，人挨着人，戏称为"煮饺子"。大家似乎还很高兴，但我就不习惯。一般是在大池子里洗完了，再到洗脸池刷牙洗漱。我不进那大池子，直接到洗脸池洗一洗了事。

我爱干净。那时候口号是"一不怕苦、二不怕死"，若是改为"一不怕苦、二不怕脏"，那我就惨了。

由于11所是搞电子的，下放到通信兵部队。那时周寿桓在那个连（八连）主要负责架设和维护通信线路。周寿桓去了才知道，架线兵是非常辛苦的。

北京到唐山有条军用通信线路，时间久了要拆除重新架设，周寿桓他们奉命去执行任务。这条线路翻山越岭，与架设线路一样，拆除线路也得翻山越岭，沿着线路来回奔波。架线兵腰系保险带，蹬上脚扣爬上电线杆，把电话线从瓷瓶上解开，铝质电话线放下，卷起回收，再把电杆子拔出来。

这对那些去参加繁重的体力劳动的"三门"干部真是个磨炼，但没人有怨言，他们很快适应了野外作业，还学会了爬电线杆。报废的电线杆埋在地下，有些已经腐烂了，有时十分危险。

有几次战士还没下来，杆子就倒了，而且总是往有人的那面倒，倒地时人被压在下面！那时提倡"一不怕苦、二不怕死"，明知有危险，也要迎险而上。战士们总结教训，摸索出对策，那就是脚扣不要系太紧，上面电线操作完，先解开保险带，一有情况迅速脱离脚扣往下跳。有两次有惊无险，杆子的倒向受人重量影响，那个杆子眼看要倒了，上杆子的人判定倒向，连忙脱离脚扣，反方向往下一跳，跳了就没事了。有几个战士就这样，其中有一个跳在农田，杆子倒在田坎上，人没受伤。老百姓看到说，解放军真厉害啊，那么高摔下来都没事。

旧线路拆除完，开始架设新线路。任务持续了两个多月。架设新线路没多大危险，但也是力气活，竖立新杆子先挖窟窿，口径要小，洞要深要直。遇到土层容易一些，碰到石层就费神了。擂大锤用钢钎凿，战士们不怕苦不怕累。"有一次凿石层时，我手臂受了伤。看病包扎只能到连部去，于是我回连部去治疗，按照排长指点

1964 年，周寿桓获"五好战士"称号奖状

的方向，在山里走了一天才到了连部所在地。幸好没走错路，一个人走了一天饿得肚子咕咕叫，大概是初生牛犊不怕虎，也没什么害怕的。"

下连队当兵一年，周寿桓不仅对人民军队有了由感性到理性的认识，与普通士兵普通老百姓的感情接近了，对社会基层以及对农村农民也有了一定的认识。

一次小部队外出执行任务。那是我第一次住在老百姓家里，老乡有个房间给我们住，那房间脏得很，平常堆杂物破烂。那时候上级有要求，住进去要"三干净"，走的时候也要"三干净"，水缸要满，院子要干净，饭桌要干净。"三干净"还包括帮老乡清理猪圈，我平常最怕脏，不愿意打扫猪圈，只能抢着给老乡挑水。我还会理发，所以一在老乡家住下去，我就先挑水，然后给战士理发，有时也给老乡理发。他们去打扫猪圈什么的，这个活儿我怕。哈哈，这是耍滑头啊！

有时候我们的伙食与房东家合到一起，老百姓做什么就吃什么。有一个单身汉，是十八九岁的小伙子，他一个人干活养活自己，他说他没有吃过白面馒头。与我们住一起，小伙子一片热心，非要弄点好的给我们吃。家里小半瓶油从来没舍得用，我们一来，慷慨拿出来炒菜。他羡慕我们能够当兵，说他就想当兵。我原来不了解，去一趟农村才知道，农民的生活很艰苦。

有一次，我们全排住另一个村里，炊事班做饭。房东家有个满头白发的老婆婆，坐在炕上看我们出出进进。中午我们去把饭打回来，一拨一拨轮流去打饭。馒头我不爱吃，我爱吃米饭。一日三餐中，早上是米饭，中午是馒头，晚上是高粱米。那时，我才知道有的农民一辈子没有吃饱过一次白面馒头。我顿时有一种身在福中不知福的愧疚！

这次下连队的经历，让周寿桓对农民生活的疾苦了解更多，也让他更加珍惜来之不易的生活，暗下决心要努力工作，用优异的成绩报答祖国和人民对他的厚爱！

周寿桓曾经看过一本书，叫《中国农民》，书上说有个老农民从生到死一辈子没有吃过一顿米饭。读到这里，周寿桓半天没回过神来，他想了很久很久，渐渐明白了，自己读书是为什么，当兵是为什么，工作是为什么。

在社会实践中，他的思想感情在发生变化，人生观、世界观、价值观在发生变化。

在北京军区独立通信团第八连当兵一年，由于表现较好，周寿桓被评为"五好战士"（政治思想好、军事技术好、三八作风好、完成任务好、锻炼身体好）。现在想来，也许部队领导对来锻炼的知识分子有点照顾，因为当时很多人都获得了这个光荣称号。

周寿桓1962年入伍，在中国人民解放军723部队服役三年，1965年集体转业，中尉军衔，国防部长林彪署名的转业证上，有

"英勇奋斗三年"的字样。

他说，"英勇奋斗"谈不上，不过下连队那一年，在他人生经历中具有特殊的意义，是最难以忘怀的一年。

酒仙桥纪事

北京东北部的酒仙桥，得名于南坝河旧河道上的一座三孔桥。相传有一酒仙过桥时不慎将两篓酒掉到桥下，自此河水泛溢酒香，故名酒仙桥。

"一五"计划期间，这里被规划为"电子城"，相继兴建了当时的"高新企业"774、718、738 等大厂和几个研究机构，成为我国电子工业的发源地、举足轻重的国防产业基地。

第 11 研究所前身为民主德国援建的 718 厂中心实验室，1956 年建所。1961 年，国务院和中央军委决定，11 所改属军队建制，归国防部第 10 研究院领导，被授予中国人民解放军 7510 部队代号。此后五十多年间，部队番号几经更换，后来干部集体转业，隶属关系屡有更迭，专业方向等都不变，11 所的名称也沿用至今。

酒仙桥路大山子，承载着众多年轻人的工作、家庭、事业所走过的历程；记载了他们从青春芳华到耄耋之年的喜、怒、哀、乐；也记录了周寿桓为中国激光大业不懈奋斗、无私奉献的甘苦人生。

周寿桓有 15 年没回过成都老家，18 年没见过父母。科技研究所不就是发明创造吗？正值放飞理想的青春年华，赶上"文化大革命"十年浩劫，怎一个"难"字了得？毕竟不是"根正苗红"的家庭出身。长久以来，他内心深处有一种原罪感，潜意识中有自卑、顾忌、困惑。因此，他认为"五好战士"这份荣誉，是解放军革命大熔炉对他"政治思想好"难得的首肯。

虽然同是在部队，到连队是一码事，回到 11 所又是一码事。那年月，全国上下都是"政治挂帅"。部队科研机构知识分子成堆，尤其强调政治高于一切。军工企业保密度打上了"粗红杠杠"，在这里出入需要查三代——三代之内不可有地、富、反、坏、右，不准有海外关系。11 所也是保密要地。周寿桓置身于此不敢越雷池一步，处处时时严于律己，保守机密。幸运的是，聂荣臻元帅顶风大力抓科研，整顿科研秩序、整顿科研作风，把科研工作提到重要的日程。

即便在"文化大革命"中，尽管周日的休息基本上都被占用了，但每周五天科研时间的保证，对一心想搞研究工作的我们，是多么难能可贵啊！

1964 年，是我人生中的又一个转折点，钱学森先生提议我们所开展激光技术研究。最初，多种激光器全面开花，我加入了半导体激光研究行列，约半年后，全所统一调整为"固体激光及应用研究"。从此，开始了我为之奋斗一生的激光事业！

这时，他周寿桓像一个潜伏在战壕里的战士，随时待命，听从一声令响，越出战壕，英勇杀敌；他像一只展翅飞翔的雄鹰，用一双智慧的眼睛，机敏地瞭望，期待捕捉猎物；他像一个训练有素的指挥员，胸有成竹地在作战地图上等待暴风骤雨的来临！

周寿桓不会忘记，从成都正通顺街 105 号杨家大院走出来，下渝州、过长江、再到北京，走过千山万水，越过名山大川，他的人生之路，蜿蜒曲折。他不会忘记，从小学、中学、中专，到中科大，再到军营这所大学校，从课本知识到社会实践，他的思想不断丰富起来，他的性格不断坚强起来，他的奋斗目标不断清晰起来。

激光是什么？

周寿桓说，激光是 20 世纪以来继核能、半导体、计算机之后，人类的又一重大发明。激光是由受激辐射产生的光，其亮度远远高于普通自然光。在一个普通的实验室，很容易就能制出亮度高于几百万倍太阳的激光器。现在，激光在军工国防、科研、生物、医疗等军民领域得到了极其广泛的应用。

1960 年 12 月，美国科学家梅曼成功地研制出世界第一台激光器——红宝石激光器。

1961 年 8 月，中国第一台激光器——红宝石激光器，在中国科学院长春光学精密机械研究所诞生。据有关资料记载：1964 年初，国防部第 10 研究院部署下属的 11、12、13 研究所分别开展固体、气体、半导体激光研究。11 所奉命筹备成立第 13 研究室，任命梅遂生为室主任，专攻固体激光技术应用研究。11 所从院属各所抽调 50 多名大学生，并计划 1965 年再配 100~150 人开展激光器研究工作。当时 11 所花了大气力，势在必得，足见激光科研队伍之庞大。

然而，这一战略举措，很快被史无前例的"文化大革命"冲击了、搅乱了，损失之大难以估量。

"六六事件"

暴风骤雨般的"文化大革命"浪潮席卷全国，大是大非，变幻无常，人人自危。

1966 年 5 月 25 日，北京大学聂元梓等人张贴了《宋硕、陆平、彭佩云在文化革命中究竟干些什么？》的大字报。一石激起千层浪，举国上下响应风从，六亿神州风起云涌，11 所岂能是世外桃源？

6 月 6 日，周寿桓所在的第 13 研究室科研组有人谋划写了张大字报，还让大家都签了字，周寿桓也跟着签了。

梅遂生在回忆录中这样写道：

6月6日（周一）早上，看到所内3号楼墙上贴出了所内第一张大字报。大字报作者是13室两位年轻人。其大意是：四机部出了一个何华生（时任部科技司司长，激光归他管）贩卖修正主义，他是搞批发的，11所挑着担子零售，其矛头直接指向我。这张大字报就像一根导火线，引爆了全所各单位的大字报。这就是我所有名的"六六事件"。

这可是11所"文化大革命"中的第一张大字报，贴出去后，反响强烈，所里突然多了很多大字报，大都是所里年轻人写的。原本风平浪静的11所一夜之间乌云密布，风起浪高。

梅遂生还写道：

我们13室是新成立的，年轻人多，是"文化大革命"中最活跃的研究室之一，第一张大字报出来之后，全研究室立即沸腾起来，大字报铺天盖地，不过，13室成立不久，我这个室主任也没什么"劣迹"可抓。大字报虽然来势汹汹，其中针对我的约500张，给我扣了各种"大帽子"，但没有多少实质内容，所以我并不害怕。当然，我也积极响应毛主席号召，写了一些大字报，其中包括针对部、院、所领导的。其实，我像许多热血青年和普通党员一样，只是由于对毛主席的崇拜而盲从。"毛主席的话一句顶一万句""理解的要执行，不理解的也要执行"，那年头，哪里容得你独立思考？

过了两个礼拜，风云突变，上级追查了，称张贴第一张大字报为"六六事件"，是反革命行动、反党行动。周寿桓所在的科研班组突然成了众矢之的。

周寿桓回忆说："大祸从天而降，我们一下子傻眼了，都非常非常害怕。我闷头检讨自己，本来想反映问题帮助领导，怎么一下子变成'反党、反社会主义'了？那时候，梅主任没有给我们思想压力，反而尽力保护我们。"

"六六事件"中，周寿桓不过是签了字，但在面对上级工作组的调查问讯时，他只检讨自己的不是，从不指责别人。

又过了一阵子，毛主席发表了"炮打司令部——我的第一张大字报"，称赞聂元梓的大字报为"全国第一张马列主义的大字报"。"文化大革命"形势天翻地覆。

11所"六六事件"所有涉案人员峰回路转，柳暗花明。这些人不但没事了，还成了响当当的左派！"第一张大字报"成了11所的"第一张马列主义大字报"。一会儿是"罪人"一会儿又变成了"革命先锋"，有的人晕晕然了，更多人是吃一堑长一智，变得清醒些了，既不为之庆幸释怀也不跟着起哄欢呼。周寿桓应该属于第二类。

暴风骤雨般的"文化大革命"浪潮席卷全国。"六六事件"平息之后，11所以及上级单位的"走资派""反革命"一个一个被揪了出来。

据资料不完全统计，11所"文化大革命"中被立案审查和批斗的有108人，既有领导干部也有学术权威。

周寿桓在"文化大革命"中是幸运的。

起初，周一到周五的科研工作还能照常进行，周六"搞运动"，周日休息。到后来，所里分崩离析，人心涣散，图书馆成了大家最爱去的地方。

　　图书馆的人也经常参加"运动"，一有"运动"就要关门，但是，只要有一个读者就不能关门。所以我要留下看书，给了他们不关门的理由。图书馆有位老学者姓杨，据说懂七国文字，很有学问。他也是不愿参加"运动"，只想待在馆里看书。有时图书馆里只有我一个人在看书，老杨怕我走了图书馆要关门，他也要被逼去参加"运动"。所以，他总要我慢慢看书。我不走，也等于把他解脱了。应该算是"臭味相投"吧！"文化大革命"让我看了不少书，对我耽误比较少。

　　为了不把一点点可怜的英语忘光，周寿桓看英语版《毛主席语录》，两耳不闻窗外事，倒也逍遥自在。他坚信，知识总会有用的。"知识本身并不反动，关键看给谁服务，如果给法西斯服务就成了帮凶了。而我们学知识搞科研，是为国家、为民族、为人民服务的，这一点应该理直气壮。"

"光雷达"结交情

　　周寿桓这辈子遇到很多值得敬重的人，一位就是在11所领导并创建了固体激光及应用研究的梅遂生总工程师。11所激光研究初期，周寿桓只是一个"小人物"，与梅遂生交情深、友谊长，缘因"光雷达"。

　　参加激光及应用的研究是周寿桓人生一大转折，对于梅遂生来说又何尝不是呢？说起来，两人还是重庆大学校友、半个四川老乡。梅遂生长周寿桓6岁，大学毕业后分到总参通信部，关于11所搞激光的事，他最了解内情。梅遂生在回忆录中写道：

1964 年初，时任国防部第五研究院副院长、著名火箭专家钱学森先生专程来到十院拜会孙俊人院长，主要谈了两件事：

一是科研要靠年轻人，讲了雷达专家张履谦的事迹。

二是激光技术发展很快，在军事上将有重要应用前景，美国投入巨资，以军事电子研究机构为主进行研究。十院是我国军事电子技术研究院，建议开展激光研究。

钱学森的意见引起孙俊人的高度重视，那次会见后，孙院长立即向十院 11、12、13 所的领导布置任务。要求三个所收集有关信息，准备各自上马激光研究的方案。后来，11 所刘大明所长向孙院长提出来，希望十院支援一名中层干部。孙院长征求我意见，说我作为一个技术人员，长期在机关工作（特别是做了四年秘书），技术都荒疏了，愿不愿意到 11 所工作？我毫不犹豫地表示愿意，事情就这样定了。

这是我人生中的一个重大转折点，从机关工作转到科研一线，使我同激光技术结下不解之缘，并为后来扩展到光电子技术领域奠定了基础。

梅遂生就这样到了 11 所，又主持筹备 13 室（激光研究室）。周寿桓就在这种背景下成为激光研究室的一员。

那时，梅遂生已是有 12 年军龄的中层领导干部了，而周寿桓大学毕业没几年，是科研班组的普通新兵。起初几年，梅遂生未必认得他，但周寿桓对他敬佩有加："后来看到国外的科研动态，才知道当时梅遂生为我所确定的研究方向——激光雷达，几乎与国外同步，而且，我们的研究工作毫不逊色。"

作为室主任的梅遂生，一开始就为 11 所的激光研究找准了方向：

那时候，大功率或大能量的激光器已有上海光机所，而中小功率或小能量的激光器多家单位都在搞了，无需凑热闹。由于激光器诞生不久，还处在襁褓期，对其应用方向和前景虽有种种预测，但成熟可用的技术并不多。国外也是如此。

我们的出路在哪里？我所作为军事电子技术研究院的一个所，既不能搞"两大"，也不能漫无目标地搞"中小"器件。我认为在军用方面，搞战术测距仪的单位已有好几家，没有必要去重复研究。想来想去，我们应该另辟蹊径，即研发飞机、导弹等运动目标为跟踪和测量对象，基于高重复频率脉冲激光器的激光雷达，以这个应用背景来带动激光器和相关基础配套技术的研发。这个方向既不同于"两大"，又不同于一般的"中小"，不仅符合十院（军事电子科学技术研究院）的专业方向，又可以填补空白（当时国际上也是空白）。唯其是空白，又是军事需要，正是英雄用武之地。这个想法逐步由模糊变清晰，并成为研究室领导班子的共识。于是，我模仿毛主席关于"工业以钢为纲，农业以粮为纲"的提法，正式提出我们的激光研究"以光雷达为纲"的口号，把全研究室人员的思想和力量集中到这个方向上来。

根据原国防科工委主任陈彬，副主任马捷、张蕴钰于20世纪80年代末回顾总结，新中国前三四十年的国防尖端科技，大体上可分为三个发展阶段：前一段是掌握了"两弹"（导弹、原子弹）技术，中间是在"文化大革命"的干扰破坏中艰难前进，后一段是"三抓"（抓洲际导弹、抓卫星通信、抓潜地导弹三项工程）取得重大胜利。

"文化大革命"期间，中央专门委员会（1962年成立的统管核武器和导弹、航天等尖端科技工业的领导机构）确定的发展规划和研制任务进展缓慢。由于周恩来总理等中央领导同志力排干扰，才有了 1970 年成功发射中远程地－地导弹、"东方红"人造地球卫星上天，1973 年研制成功鱼雷核潜艇等成果。

很显然，梅遂生提出的激光雷达研发，与国防尖端科技"三抓"工程是高度吻合的。他提出"以光雷达为纲"，开始了紧密结合应用、独立自主的创新性研究。可是"文化大革命"中，这样一句树雄心立壮志的口号，却被造反派上纲上线，揪住不放。

光雷达研究几经磨难，仍然艰难前行，终于在 1969 年完成了第一台样机，在南京空军机场进行了首次激光对运动目标（飞机）的跟踪、测距试验，获得了成功。周寿桓作为团队的一员参加了这次意义重大的外场试验，贡献了力量，得到了锻炼，深感荣幸。

11 所确立的光雷达研发方向，既有前瞻性又有大局观，周寿桓对梅遂生"以光雷达为纲"的理念甚为佩服。他说："梅总那时候的确是忍辱负重啊！那段时间，我们白天工作，晚上在实验室看资料，工作到半夜两点钟，就在桌子上睡觉，第二天早上五点钟起来跑步，八点钟照样上班。"

1972 年，光雷达靶场试验。这是第一次用于导弹靶场的激光测距试验，具有开创性。梅遂生亲自组织并带队实施了这一试验，他在回忆录这样写道：

　　1972 年 11 月中旬，在 28 基地的试验，动员了所内外几乎可动用的一切力量，紧张地做了大量准备工作。包括到七机部一院找"东风"4 号火箭詹世斌总设计师，讨论了火箭上加装角反射器的问题，得到他大力支持，同时我们也了解了有关火箭的许多知识，包活弹道、环境条件、气动加热、可供角反射器安装的部位等等。我们一面准备角反射器阵列，一面准备试验用激光测距仪。为可靠起见，因陋就简地组装了三台测距仪。主要的一套是长春光机所送给我们的中型电影经纬仪初样的跟踪架，两名操作手坐在转台椅子上通过瞄准望远镜捕获并跟踪瞄准运动目标，稍加改造，就成了一台很像样的靶场激光测距仪。另外两台激光测距仪安装在三脚架上，操作员站在地面，通过瞄准望远镜捕获和跟踪瞄准目标，它们结构简单，体积小、重量轻，但跟踪瞄准精度差，性能远不如前者。

周寿桓说，人工操作的老的经纬仪，摄影机胶片上只有方位、俯仰，没有距离信息，因此不能确定目标的空间位置。加上激光后的光电经纬仪，一举解决了空间目标的精确定位，可以实时获得测量结果，且精度大幅提高。

2019年6月21日梅遂生在《我最后的话》中写道：

　　11所研发的激光靶场测距技术，不仅用于靶场，不仅圆满完成了中央军委狠抓的"三抓"任务，载入了史册……实际上是靶场光学测量技术的升级换代，即：从电影经纬仪上升到光电经纬仪俯仰角。前者只能精确测量目标的方位角和俯仰角，但缺少距离这个参数。因此，单台仪器只能用胶卷把运动目标照相记录下来。为了确定目标的位置，至少需要两台经纬仪分别在相距很远（比如几十千米）的地方同步观测和照相记录同一个目标，事后再做处理。为了提高观测精度，就需要配置3台经纬仪同步记录。由于数据量很大，事后处理工作很花时间。如果由于一台所在地天气能见度不佳，或仪器故障，则整个观测数据质量就更差。据25基地翟参谋分析，激光测距误差为0.71米，而电影经纬仪的误差达7.84米，比激光差了一个数量级还多。

也是这次试验，让作为总带队的梅遂生对周寿桓第一次有了较深刻的印象：

> 这是我们做的第一次试验，去了有二十来个人。那个冬天东北冰天雪地的，在这样艰苦的环境下，周寿桓的监测点很成功。由于天气特别冷，他感冒发烧了，仍带病坚持工作。那是我第一次注意到他，当时他还没有崭露头角，只是一般的工作人员。但那一次我印象很深，发现这个同志工作虽然不冒尖，但实实在在地在那里干，感冒了也不吭气。试验完成后回北京，我们坐七机部包的闷罐车皮，有人告诉我，周寿桓发烧了。我赶紧找人协调了一张卧铺，让周寿桓从东北坐卧铺回来。
>
> 后来了解多了，我对周寿桓最大的印象是该同志踏踏实实干活，中国科学技术大学毕业，理论基本功特别扎实，基础好，肯钻研，肯动手，从事科研必需的知识很全面。70年代初他就提出用发光二极管（当时激光二极管很不成熟）泵浦 Nd: YAG 的技术设想，是我国最早开展二极管泵浦固体激光器的研究的，他负责的器件组渐露头角，搞激光的几个班组，他负责的这个班组是最好的……

也许是周寿桓过于专注科研上的事，生活上的事往往"粗线条"。回忆当年情景，他对那次外场试验中生病的事已经记不清楚，隐隐约约，只记得天气很冷，穿棉大衣挤闷罐车，带着一级设备，不能坐旅客车厢。他备感欣慰而记忆犹新的却是：在梅总带领下，从陆上到海上，光电经纬仪一次次试验成功，一次次收获喜悦。

另外，激光比微波雷达的波长短，因此测距的精度更高，且测距精度不受测距的距离影响。当然，它也有不足：受大气的影响远比微波雷达要大，因而不能全天候应用。

1985年，梅遂生主持的"现代国防试验中的动态光学观察及其测量技术"研究成果荣获国家级特等奖，排第六名，11所获得集体奖，周寿桓为身在团队其中，感到无比荣耀。在庆祝11所激光三十周年的文章中，他有感写道：

> 1964年，正值固体激光技术发展初期，我所即确立了"研制激光雷达"这一总体目标，并围绕它开展了克服热效应、提高光束质量，以及相应的工程设计、电子线路、晶体生长、加工工艺、闪光灯工艺等一系列研究工作。其结果不仅获得了一大批科研成果，使当时看来几乎是梦想的目标变成了现实，而且已发展成为拳头产品。同时也培养了一批与应用要求相配套的工程技术人员。这才使得我所在今天激烈的竞争环境中能占有一席之地，并有可能向更高的目标前进。

无论是国内还是国外，科研队伍的传帮带，是科学家成长的肥田沃土。在周寿桓心目中，梅遂生既是好领导，又如好兄长。"若没有梅总这样的'领头雁'，没有梅总带领的攻难创新的团队，就没有我的今天。"周寿桓这么讲，发自肺腑，一片真诚。多年以来，他一直对梅总没有当上院士惋惜不已。至少，这是建立在对研究成果的客观事实之上，建立在他与梅遂生几十年交情，他对梅遂生的人格尊重之上。

周寿桓常对学生说，自己的很多课题是梅总帮助设立的，很多研究方向是梅总提议的，但他从不把科研人员的功劳归为己有。多年来，周寿桓以梅遂生为标尺，"要是没有像梅总这样的领导，我今天不可能有这些成就！"

多事之秋　家事如麻

俗话说"十年磨一剑"。1972年，参加工作十年的周寿桓，正如梅遂生所言，没有崭露头角，工作不冒尖，却实实在在地在那里干。成家立业之际，偏赶上多事之秋，经历了人生最艰难的岁月。

那时候11所大批大学生，大多都是过了三十岁才考虑个人问题，周寿桓也不例外。当时的周寿桓一门心思在激光事业上，与千里之隔的家人十年未谋面。经同事介绍，他与首钢医院儿科医生刘洪英认识，俩人接触了两三年，于1969年结婚，终于在北京有了家。这一切，顺其自然，平平淡淡。从谈恋爱到结婚，俩人没进过一次电影院。那时，一起看电影好像就很前卫了，会被别人看作笑谈的。正像改革开放后的相声说得那样：60年代嘛，年轻人谈恋爱像特务似的，没人时，一个手指头拉着，看到人了撒腿就跑！他们连手指头都没有拉过。婚后周寿桓夫妻住在城里，跟岳母一起过。

次年儿子周翊出生，开始几年，岳母帮着带孩子，跟婚前没多大变化，周寿桓平时住宿舍，忙起来了周末也不回家，阅读文献，钻研业务，一如既往，劲头十足。

儿子四岁那年，岳母得了一场大病，瘫痪在床。妻子也要上班，周寿桓分担繁杂的家务，每天早出晚归，风雨无阻，奔波于酒仙桥大山子和西四砖塔胡同之间。从大山子到砖塔胡同，周寿桓平常骑自行车，冬季挤公交车。他回忆说："那时我一回家最要紧的就是做饭。妻子要给老人家擦洗身体，岳母瘫痪在床五年，没有生过褥疮，一般瘫痪在床的人都免不了生褥疮的。我们精心照料，老人家没遭这个罪。我们既要照顾老人还要管孩子。回到家，像打仗似的，家务多如麻，不光干活出力，还有操不尽的心。我学会了揉面做馒头，还有摘葱、剥蒜、淘米、洗菜，每天晚上岳母和儿子都安顿好了，再忙一会儿工作就很晚了。"

周寿桓不仅上班从不迟到，而且习惯于早到。那时从厂桥开通了直达大山子的早班公交，中间不停站，比坐普通公交车快多了。不过，这条公交线早上 7 点半就没了。为了节省时间，他就早出发赶上快车，提前 40 分钟到单位，天天如此，他觉得，与其在路上浪费时间，不如早一点到单位看资料写笔记，进入工作状态。"我很少迟到，一辈子养成的习惯，我现在五点起床，因为家里没有工作环境，我看东西、学习、思考问题，都来办公室。"

不久，第八机械工业局（航天科工集团的前身）成立了，需要搞激光的人才，打算调周寿桓过去，工作地点在紫竹院附近，离家比较近。为了更方便照顾家里，他便答应了。他给所里递了调动申请报告，理由是家里有困难需要照顾。结果领导找他谈话，问他有什么困难？真有困难的大都迟到，他每天怎么还能早来那么多时间？调动一事只好作罢。

那段时间，周寿桓每周有一天不回家，在办公室看书学习。有一天晚上发生地震，正赶上那天他没回家在办公室看书。天摇地动，家人惊恐慌乱，妻子慌忙给他打电话，叫他赶紧回家。他骑上自行车，心急如焚，一路狂奔。他说，那时交通顺畅，心里一着急，浑身都是劲，只用了大概三十几分钟，想想那有多快！

　　"四人帮"被粉碎后，周寿桓总算长出了一口气。在这之前，"政治运动"接二连三，阶级斗争这根弦他始终没松过，在他心里或多或少背负着家庭背景的包袱。周寿桓的工作是高度机密，单位的事情他对家人只字不提，成都老家的亲人也仅仅知道他在保密单位。平时只通过弟弟周寿樑跟远在成都的家人保持联系，弟弟不想让四哥分心，总是告诉他家里一切都好。干婆婆去世、大哥的"历史问题"在"文化大革命"中被翻腾出来、姐夫被送去"劳教"，这些事情从未向周寿桓透露过一个字。然而，对于周寿桓来说，十多年未见父母，无论什么理由都不能成为理由。时间越久，周寿桓内心对父母的愧疚感越深。

　　1977 年春节，周寿桓终于回到正通顺街 105 号杨家大院，街巷大院物是人非，十分陌生。父母亲都老了，母亲 67 岁，身体多病；姨妈"老子"和干婆婆已不在人世。他跟干婆婆感情很深，每次给家里写信都要问候。周寿樑回忆说："大概是 1960 年，婆婆身体一天不如一天，我记得很清楚，有一天，婆婆都卧床不起了，还挣扎着拿了一点珍藏的东西出来，告诉我这叫银耳，让我煮了给大家吃，大概有小半杯，这么一点点，不知道老人家珍藏了多少年。她让我洗干净了去煮，时间要煮够。煮了好大工夫了，我说先给她盛一碗，她摇头说，起码要煮几个小时，结果煮了两三个小时，我转过来看她，叫了几声她没答应，我就赶紧喊，母亲跑过来，婆婆已经断气了，那点银耳最后也没吃上一口。干婆婆去世，我们一直没告诉四哥。那次回来，一听干婆婆不在多年了，四哥深感意外。再听老人家临终都没吃上一口银耳汤，半晌说不出话，眼泪'哗哗'的，难过极了，要我陪他去干婆婆坟上祭拜。"

　　周寿桓那次探家本来是有事相求的，却什么也没说，没待几天就匆忙回北京了。弟弟周寿樑总觉得四哥有心事没说，春节过后，他趁着去北京开会，专门到四哥家里看究竟，去了一看大吃一惊，四嫂坐月子，生了女儿才两天，家里还有个瘫痪在床的老人。他恍然大悟，四哥回家大概想请母亲过来帮忙，见老人家身体不大好，又帮妹妹带孩子，没好意思开口。他回家一讲，母亲着急了。家里一商量，妹妹送孩子去幼儿园，让母亲去四哥那里。

母亲主动过来帮忙，周寿桓喜出望外，如释重负。他现在还清楚记得，年迈的母亲坐了 36 小时硬座来到北京。水都没有来得及喝一口，一到家就抱上自己刚出生十几天的小孙女，探望瘫痪在床上的"亲家母"……那时周寿桓一家住在北京砖塔胡同 20 号，母亲就在这里住了两年五个月零二十二天。每天喂亲家母喝水、吃饭；孙儿周翊 9 岁半上小学，中午要回家吃饭；孙女周婷还未满月，每两小时要喂奶喂水、换尿布，还要挤时间料理家务，准备晚饭……

1979 年 8 月，母亲对周寿樑说自己不行了，要回成都，尽快回，她害怕死在外地。一个月后（1979 年 9 月 27 日），周寿樑来北京开完会后接母亲回成都。为了减轻周寿桓的负担，母亲还带着孙儿和两岁零五个月的小孙女一起回成都。

到成都下火车后，接站的孩子们搀扶着母亲慢慢走出车站。母亲回家后就只能坐或躺在床上，不能下地走动了，饭吃得很少，精神很差。医生告诉家人，母亲全身功能衰竭。仅仅三个多月后，母亲于 1980 年 1 月 10 日与世长辞。

母亲说话总是轻声细语，从不和人争吵。在北京时，她从没有说一声"累"，没有一句怨言。回成都后，她也是跟旁人夸儿子孝顺、儿媳贤惠。

母亲的突然去世，让周寿桓心痛欲裂，深深感到在北京的两年半，母亲为自己一家耗尽了最后的精力和心血！

乱世立身　我本善良

　　周寿桓一生笃信立身为善，做人要厚道。十年浩劫，风云变幻，他坚守自己为人处世的底线，没做过一件亏心的事。

　　在11所的"六六事件"中，全组成了"反革命"，人人自危。周寿桓不愿揭发别人，他回忆说：

　　　　当时有一个同事是众矢之的，他很苦闷，别人都不理他，就找我诉苦。看他一副垂头丧气的样子，我忍不住安慰他几句。别的人看到了，就问我他都说了什么？我说"他没说什么，就是觉得自己对不起党"。我要是照实说了，他又要挨批斗。我不愿落井下石。其实，那时候，我自己也在写检讨，比他好不了多少，只不过他是"主犯"，我是"从犯"而已。

　　忧国忧民是知识分子的天性。周寿桓这一代人，跟随新中国一路前行，受到党的教育培养，心系国家前途命运。置身"文化大革命"政治漩涡，周寿桓当初在11所"第一张大字报"上签字，本是无心之举。然而随着形势急转直下，周寿桓眼见着往日自己仰慕敬重的那些"大人物"纷纷受到冲击，遭到迫害，他百思不得其解，有了自己的看法和顾忌，于是私下里和好友探讨。

　　周寿桓有三位很要好的挚友倪木桃、赵先尧、杨逸民，他们知根知底，彼此信任，志趣相投，经历了"文化大革命"，更成了患难中的至诚之交，至今仍保持联系，精神互通。那段时间，他们四人难得聚会，偶尔聚会时便忧党忧国忧民，看不惯的发发牢骚，想不透的泄泄义愤。

周寿桓回忆说:"我们之间说的那些话,自始至终没有一个人透露出去!那时候查得很紧,但是我们都没有主动揭发过别人。根本原因在于我们认为那些被批判者并没有什么错,或者罪不当诛。我们怀着善良的本性,都不愿意害人,不做亏心事,不落井下石,互相信任。'文化大革命'中有人见风转舵、害人整人、损人利己、投机钻营,但只是少数!"

1976年1月8日,周恩来总理逝世,全国人民无限悲痛。"四人帮"倒行逆施,禁止人民的悼念活动,激起全国人民的愤怒。4月5日,北京天安门广场上广大群众采取了抗议行动,称为"四五运动"。

周寿桓回忆说:"大概从三月下旬到清明节,天安门广场纪念碑周围花圈越来越多,也有一些大字报,我有时下班就到天安门看看,抄一些大字报的文字。有一天,一个同事跟我一起去,他还带着相机去拍照。当时有相机的人很少,所以同事大多知道他有相机、爱拍照。不久,'四五运动'被定性为'反革命暴乱',上面追查,我俩被人揭发,调查人员问我,他有没有带相机拍照。当时我想,决不能说他带相机拍照了,那样他可能会被抓起来;但我要说他没有,万一他自己承认拍了照我也不好办。于是我只说是一块去了,至于他带没带相机、有没有拍照,我没看见。如果别人证明了,他被抓了,那是别人的事,关键是我'没看见'。幸好也没有人抓住证据,就躲过一劫了。"

乱世立身,我本善良。是非曲直,心中自有一杆秤。他一辈子敬重梅遂生,一是佩服他业务强、领导有方,二是看重他忍辱负重的人格。"六六事件"在研究室抓"反革命",他不积极。同样,他对处理11所这次"四五运动"事件的领导也称赞有加。他回忆说:"当时所里那个政委(政治部副主任),是主抓所里追查'反革命'

的，我觉得他是在保护大家。他是风声大、雷声大，只打雷不下雨。讲话时非常严厉，要大家检举揭发叫得很响，但实际抓人时并不积极，还很慎重。结果在所里一个人没抓，保护了群众。这样的好干部，是令人敬佩的。"

周寿桓从前有写日记的习惯：

> 小学老师教我们记日记，说日记不是留给别人看，是训练自己写文章，以后也是个人的宝贵资料，记录并帮助回忆成长的历程。我听进去了，就开始写日记，从小学开始，写日记没有间断过。"政治运动"时，大家都把日记烧掉了，因为很多"把柄"是从日记里找到的。我也有些害怕，把自己的日记本找出来翻着一看，真是吃了一惊，不论"毒草"的大小多少，就是有！虽然有的还是对当时某个提法的不理解，记下来以便通过学习提高。但第一反应是，假若被人家翻出来真可能会成为把柄，于是赶紧偷偷烧掉，片纸不留，从此不再记日记了。

后来"四五运动"追查时要求，凡是在天安门抄的东西必须立即烧掉。周寿桓这回没舍得烧，天安门诗抄日记本藏了起来。后来几次搬家，本子不知下落，有些诗句仍刻在脑子里，"京城处处皆白花，风吹热泪撒万家；从今岁岁断肠日，定是年年一月八。""一夜春风来，万朵白花开；欲知人民心，且看英雄碑。"……

寒凝大地发春华

鲁迅先生的名句"血沃中原肥劲草，寒凝大地发春华"是周寿桓"文化大革命"十年，结缘激光，匍匐前行，蓄势待发的真实写照。

20 世纪 60 年代，人类才叩开激光科学大门，未知领域蕴藏着无穷的科学真理。发达国家已先行开展激光科学研究，并且对我国实行了知识和技术的封锁。激光应用对于我国国防建设十分重要，可谓国之利器的"火眼金睛""苍穹天尺"，意义重大，前景广阔。这也正是我国激光领域的科学工作者奋起直追的原动力，周寿桓和11 所的所有工作者一样，憋着一股劲儿，埋头钻研，一心献身激光事业。

大学时期还没有"激光"这门课，参加工作时也没有关于"激光"的教科书，更难找到可以仔细请教的人。一张白纸从零开始，谈何容易？周寿桓有相关学科功底，又喜欢自学，凭借一股钻研劲儿，他详细阅读了图书馆能查到的几乎所有相关文献，还四处搜集更多资料，通过自学，逐渐入门激光领域（当时属于最新、正在发展的一门学科），并开始了具有创新性的研究。

周寿桓深有体会地说："要通过自学掌握一门知识，必须具有相应的基础理论和阅读文献这两个基本功。我大学时学俄语，英语是第二外语，属于'哑巴英语'。即使学'哑巴英语'，'文化大革命'期间也是有危险的。我衷心感谢朱砚馨老师，她送我一本英文原著《物理》，让我在学生阶段就开始学习阅读英文，工作后可以阅读一些英文的专业文献，使我能够很快进入激光研究领域。我也感谢在中国科学技术大学时老师教我们阅读文献的方法，让我懂得没有绝对的真理，任何正确的理论都是在一定条件下才成立的；要努力吸收别人的成果，但不要囿于已有的结论，要思考，深入透彻的思考，这对研究工作很有帮助。"

周寿桓认为，专业确定之后，如何选择主攻方向是一个极其关键的问题，关系到一个单位的研究工作能否持续发展，对个人的作用更是不言而喻。1965 年，梅遂生室主任提出"以光雷达为纲"为方针，进行独立自主的创新型研究。

当时国内外都没有成功的报道和可供借鉴的资料，十几年后，从解密的资料才看到，当时美国几乎与我们同时在进行这方面的研究，而我们的工作在某些方面还独具特色。在国内外激光科技创新激烈竞争的今天，11 所能在固体激光领域占有一席之地，离不开那时确立的方向、打下的基础、培养的人才、锻炼的队伍。

1969 年，11 所成功完成国内最早的 524 激光雷达跟踪和测距试验。这次具有重要意义的外场试验，解决了实验室没有碰到的难题，对后续很多工程任务具有重要的借鉴作用。

那时生活条件艰苦，工资低，更没有加班费，但大家不计劳苦，不计报酬，自觉加班加点工作。在这样的环境中，在这样的集体里，周寿桓的科学精神、工作作风、业务能力等，都得到了锻炼和提高。

任何科学应用研究都离不开实践，都要经过千锤百炼。当时这些工程项目，国内外都没有成功的报道和可供借鉴的资料，研究工作具有开创性和前沿性。在其核心器件——高重频红宝石激光器的研制过程中，研究室全体人员在室主任领导下，同心同德，团结奋斗，克服了重重困难。在晶体生长、光学加工，光、机、电、关键元部件制作及整机的设计制造，在降低阈值、提高效率、增大输出功率、有效散热、改善光束质量、减小脉冲抖动等一系列关键技术都进行了深入研究，取得了重大技术突破。

研制激光雷达首先需要高重复频率工作的激光器，20 世纪 60 年代中后期，可供应用的激光晶体还只有属于三能级系统的红宝石激光器（CO_2 激光器不属于 11 所的研究领域）。红宝石激光器要工作在不低于 20 次 / 秒的高重复频率上遇到了很大的困难，主要原因

2001 年，周寿桓在审稿

有两个：一是当时泵浦用的闪光灯本身就不能高重复频率工作，这个大难题经张昌达、陈林棠领导的攻关得到满意解决，从而保证研究工作得以顺利进行；二是闪光灯属黑体辐射，其发射谱与红宝石晶体的吸收谱不匹配，大量红外辐射使晶体"加热"造成严重的热效应。

在开展激光研究的初期，周寿桓花费较长时间研究半导体激光器方面的内容。他自然想到，为什么不用光谱纯的半导体激光二极管（LD）或发光二极管（LED）代替闪光灯作泵浦源？与此同时，11 所研制的新晶体 Nd：YAG 有了很大进展。Nd：YAG 的 808 纳米和 885 纳米吸收带都可能用二极管泵浦。尽管当时用二极管要达到需要的准确波长和能量还有困难，但用发光二极管进行先期试验已有可能。因此，中级职称都没有的他，大胆提出了用二极管泵浦固体激光器的若干技术设想，在领导的支持下成立了课题组，开展了初步研究工作，是我国最早开展二极管泵浦固体激光器研究的单位。

周寿桓还注意到，用二极管泵浦 Yb：YAG 等被埋没的准三能级系统可能有特殊的应用价值。可惜当时正值"文化大革命"期间，二极管不过关，发表论文更是"资产阶级个人主义"。因此，他的研究总体工作进展不理想，保留下来的资料也很少。

青春年华，蹉跎岁月，一事无成，令人惋惜。

1976 年，党中央一举粉碎"四人帮"，"文化大革命"十年动乱结束。1978 年 3 月，全国科学大会在北京隆重召开，标志着中国科技事业开始全面复苏。在 6000 人参加的开幕会上，时任中共中央副主席、国务院副总理的邓小平同志发表重要讲话。他指出"四个现代化"的关键是科学技术的现代化，并着重阐述了科学技术是生产力这个马克思主义观点。"科学技术是生产力"的著名论断，对国家长远发展具有十分重要的意义，后来成为改革开放以来国家一贯的基本思想。郭沫若在大会上书面发言，盛赞"科学的春天到来了"。

人逢喜事精神爽。

周寿桓回忆说："全国科学大会召开那些天，我有些亢奋，半夜睡不着，吃饭特别香，好像话也多了。平时很少看报纸的我，逐字逐句读完了会议报道，特别是邓小平同志的讲话。我从字里行间读到了国家的希望、民族的希望，内心难以平静。这次大会是为知识、为科学、为技术正名，为知识分子、为科技工作者正名！"

第四章 驰骋光电

幼年时，我还不知道爱因斯坦。那时我最崇拜大发明家爱迪生，读过很多他搞发明的故事，尤其是发明电灯的过程，让我听得着迷。我也想当发明家，科学救国。

——周寿桓

"非稳腔"技术

"文化大革命"结束后，周寿桓每天更是早出晚归，早早就来到实验室，他要把浪费的时间补回来，用忘我的精神、奋斗的精神、奉献的精神去战胜前进中的困难和问题。

孔子曰："学而不思则罔，思而不学则殆。"

他多年来读书养成一种习惯，就是边读边记，不停地思考，脑袋里不停问"为什么？"他求知欲很强，对未知的世界都要问一个为什么。周寿桓喜欢北方的生活，北方的冬天外面再冷，屋内却是暖融融的，实验室里有暖气。不像在南方，外面冷，屋内也阴冷，冷风刺骨，坐在教室里手脚都冻得难于长久支撑。他在北方的冬天接触到激光，感觉是激光给他带来了温暖，带来了光明；感受到了激光给他事业的成功带来的喜悦，带来的成就；感受到了北方的冬天是那样的温情、那样的充满了坚强的力量！充满了势不可挡的前进的动力！

周寿桓的蓬勃的心脏随时代的节奏在跳跃！

激光研究开展初期，有大量关于"光学谐振腔"的论文，周寿桓正是通过阅读、学习这些论文逐渐掌握了有关的理论知识。其中，A. G. Fox 和 T. Li 用计算机模拟计算腔模的形成过程，最为形象生动，后来在教科书里也广泛引用。其结论是"为形成稳定的场分布，光束在腔内大约需要经过 300 次来回振荡"。Fox 和 Li 是对空腔进行分析，其结论是正确的。但在某一需要快速反应的工程项目中，"约需要 300 次来回振荡"则成为在某些重要场合能否使用激光的障碍。

周寿桓经过理论分析和试验发现，在电光 Q 开关激光器中，大约只要十几个来回振荡，就能形成稳定的场分布。这是因为在电光

Q 开关激光器中，工作介质具有很高的粒子数反转，使谐振腔内形成稳定场分布的过程大大加快。

通过谐振腔理论分析知道，稳定腔的阈值低，容易实现激光振荡。因此，早期的激光器都采用稳定腔。A. E. Siegman 偶然发现采用非稳腔可以在输出大能量的同时，保持良好的光束质量，因此，很快发展成为高功率、高光束质量激光器的一种优选。但由于非稳腔阈值高，所以当时普遍认为这种腔型只能用于大口径工作介质的激光器，如 CO_2 激光器、Nd 玻璃激光器等。

11 所的专业重点和优势是 Nd：YAG 固体激光器。由于当时不能生长大尺寸的高光学质量 Nd：YAG，因此普遍认为，非稳腔技术不能用在 Nd：YAG 激光器上。他经过仔细分析，精心构思、设计，1979 年率先将非稳腔技术成功地应用于中小尺寸的 Nd：YAG 激光器中。

其中，一个很关键的技术和工艺是输出耦合镜的设计和制作。当时一个解决方案是：制作一个小镜片（其直径根据设计计算确定）。在小镜片上镀高反膜，将已镀高反膜的小镜片通过细钢丝固定在一个钢环上（或将已镀高反膜小镜片的中心用一根细钢棍支撑，并固定在镀高透的一个大镜片上），作为激光器的输出镜。这种方案理论可行，也获得一些试验数据，发表了论文。但这样的激光器完全没有实用价值，即使在防震条件很好的实验室也难以使用。

经过很长时间的分析、研究，周寿桓最后想到，用一个标准直径的平 – 凸（曲率根据设计计算确定）镜片的凸面中心镀小直径（根据设计计算确定）的高反膜，然后在整个镜片上镀高透膜。这样就实现了中心高反，其余部分高透（硬边光阑），作为衍射限耦合输出非稳腔激光器的输出镜。

这是一个非常巧妙的方法，但在制作上遇到麻烦：中心高反部分的直径太小，膜层的边缘多处爆裂。

经过多次到镀膜现场、机加工车间观察、试验，最后他终于设计并加工制出独具创新的镀膜模具，成功研制出所需的衍射限耦合输出非稳腔腔镜。

这项技术很快发展成新一代 Q 开关 Nd：YAG 非稳腔激光器，它不仅技术指标先进，而且工作稳定可靠，这一成果在工程中获得推广应用。

1981 年，经专家鉴定认为研制成功的新一代 Q 开关 Nd：YAG 非稳腔激光器，"热稳定性、输出镜设计和工艺等有独创"。这一成果获得了电子工业部科技成果一等奖（当时还没有设立国家科技进步奖）。

当时梅遂生组织项目技术鉴定。国内主要同行单位参会，他们也在开展非稳腔的研究，但多年苦于未能研制出衍射限耦合输出谐振腔镜，未能掌握腔型计算和参数设计的一些关键问题，参会专家甚至要求组织培训。但当时国家已明确强调知识产权。梅总只好说，相关理论、计算结果都已发表了，可供参考，但制作的工艺、技术诀窍不便公布。

科学无止境，探索不止步。采用硬边光阑研制成功衍射限耦合输出 Q 开关 Nd：YAG 非稳腔激光器后，周寿桓又开始冲向另一个难关——变反射率腔镜激光器。

通常，激光器都有两个腔镜。一个是全反镜，最好是 100% 反射，但实际达不到，所以又称为高反镜。它的目的是把能量全部（或尽可能多）反馈回腔内，以保证腔内光高效振荡，形成激光。另一个是半反镜，其目的是把一部分能量从腔内耦合输出，成为可以应用的激光能量，而另一部分反射回腔内，以维持腔内激光持续振荡。其反射率（也称为输出耦合度）根据对激光器的要求，设计计算确定。

前面研制成功的衍射限输出非稳腔镜，是将镜面分为中心和边缘两个区域，中心区域的反射率相同的都是高反；而边缘区域的反射率也是相同的，是高透，交界是从高反突降到高透，中心区域的大小实质上是由所要求的输出耦合度确定的。

这种硬边光阑的缺点是，由于衍射，输出光近场分布不够均匀，远场能量分布不够集中。

而变反射率腔型镜的反射率是根据需要在镜面上随位置按某种规律变化，例如，腔型镜的中心是高反射率（100% 反射），从中心到边缘按一定规律递减（如高斯曲线型，超高斯曲线型等）。这种按一定规律递减的结构在光学上构成所谓"软边光阑"。变反射率镜非稳腔激光器使输出激光近场分布更均匀，远场能量更集中。

但所遇到的难关与硬边光阑一样——镀膜！如何制造这种难度更的光学薄膜？他打破了传统思路，研制独具创新的镀膜模具：计算－设计－加工－镀膜工艺－试验－修改－试验……最后，成功研制软边光阑衍射限耦合输出非稳腔器。它的近场能量分布更均匀，远场能量分布更集中。

这一系列的工作，包括推广应用的成果共获多项国家、省部级科技进步奖。

独创变波长反射率镜

科学研究的目的在于应用。

除课题组研制出新型高性能激光器外，光学加工部门利用发明的变反射率镜推出新的产品，卖得挺火，经济效益不容小觑。

那时课题实行项目承包制，一些部门，特别是直接卖产品的部门"先富起来了"，发了财，买车买房。搞研究的部门相对来说只能得到少的科研奖励。于是，鸣不平的声音高涨，大多觉得周寿桓和他的课题组"亏了"。

但他认为："其他单位都想用、想买，说明这个成果有用，推广了于国于己都是好事。再说，并不见得是别人不愿意给我们'分红'，是我们从来没有向他们要过，也不好意思伸手要。我觉得是人家帮助了我们的科研工作，要不，我们也完不成任务。"所以，他心里从来没有不高兴过，后来别人要报奖，他还向主管领导说同意他们申报。

周寿桓说这番话时满不在乎。在别人眼里，一项重大的科研发明是一辈子的心血凝聚而成，是知识积累的研究成果，是可以用"这棵大树"养活一辈子的"靠山"。

周寿桓在乎什么呢？他在乎的是解决了变反射率镜难题，为日后的科研创新开拓了一条通途，又有了新的想法。

心底无私天地宽。在周寿桓发明创造的成果中，有一样东西值得一提，这就是他独创的用于可调谐激光器的变波长变反射率镜。

他负责攻关研制的可调谐激光器，同样需要谐振腔镜。众所周知，在设计激光器谐振腔的输出耦合镜时，根据"最佳输出耦合度"的原则，使得激光器的输出能量（功率）最高。对于可调谐激光器，是根据工作物质发射谱中最高处相应的波长下的"最佳输出耦合度"来设计的。显然，按这种传统的方式制作出来的输出镜，在激光器整个调谐范围内输出耦合度只有很小的一段符合"最佳"。又因为工作物质的受激辐射截面、调谐元件的参数、元件的损耗系数等，都随工作波长的改变而改变，因此只在某一段范围内适合的"最佳输出耦合度"不可能在整个波段都处于最佳工作状态。改进的方案是：使输出镜的反射率在所有工作波长均满足"最佳输出耦合度"的要求。在这些波段工作时，既没有工作在最强的发射波段，腔镜也不是"最佳输出耦合度"。所以，激光器的输出能量（功率）双重下降，可调谐范围小于工作物质本应具有的。

从工艺上看，尽管在全波段不可能在全波段实现"最佳输出耦合度"，但在选定的若干个波段上是可以同时实现的。在此思想指导下他开始了工作物质特性、镀膜工艺、模具、夹具等的研究和设计、制造，最终研制出在较宽的波长范围内都有一个较好的输出耦合度的输出镜。试验证明，这种波长变反射率镜（VWRM）用在可调谐激光器上获得了很好的效果：实际的可调谐范围变宽，输出曲线变平、延迟时间缩短。

周寿桓的这项研究成果，使可调谐激光器激光输出能量、转换效率，都随工作波长调谐而下降的缺点得到明显改善，实际可调谐工作范围扩大，在工程实用上有重要意义。

从研制成功新一代 Q 开关 Nd：YAG 非稳腔激光器，到创新"软边光阑"，研制成功了高重频变反射率镜非稳腔激光器；再到创新性研制成功用于可调谐激光器的"变波长变反射率镜"，周寿桓攻克几道难关，名声大振。

在科学研究的道路上，他一步一个脚印，满怀理想，乘科学大会的春风，在科学研究、发明创造的道路上，他历经人间冷暖，依然温润；历经风霜雪雨，依然灿烂；历经千回百转，依然生动；在他的眼里，寒暑易节，鲜花依然盛开，坎坷磨难，生活依然灿烂！

他是一个乐观、豁达的人！

《20 世纪中国知名科学家学术成就概览》有这样的一段记载：

1979 年，周寿桓在仔细设计技术方案、精心制作元器件的基础上，经反复试验改进，突破常规率先将非稳腔技术成功地应用于小尺寸 Nd：YAG 激光器中。其中一个关键技术是输出耦合镜的参数设计和制造，为此，他从工模夹具设计、制作工艺等开始，研制了一种中心区小范围内反射率为 100%，其余部分突降为零（用来支撑腔镜）的"硬边光阑"，并以此为基础研制成功衍射限输出的 Q 开关 Nd：YAG 非稳腔激光器，这一成果很快在工程中获得推广应用。1981 年，经专家鉴定认为"非稳腔的热稳定性、输出镜设计和工艺等有独创"。

随后，他又研制成功了高重频变反射率镜非稳腔激光器，即把上述"硬边光阑"改进为"软边光阑"。变反射率镜非稳腔激光器使输出激光近场分布更均匀，远场能量更集中。这项技术很快发展成新一代 Q 开关 Nd：YAG 非稳腔激光器产品，不仅技术指标先进，而且工作稳定可靠，深受用户好评。

在上述基础上，他又创新性研制成功了用于可调谐激光器的"波长变反射率镜"。通常可调谐激光器输出镜的输出耦合度在整个工作波段内都是相同的，这种设计使激光器的输出耦合度只在某个特定工作波长下实现最佳。波长变反射率镜则是根据各个工作波长对应的最佳输出耦合度设计，使腔镜的反射率随工作波长而变化。这样的设计使可调谐激光器输出能量、转换效率都随工作波长调谐而变动的缺点得到明显改善，实际可调谐工作范围扩大，在工程实用上有重要意义。

这一段文字是理性的叙述与评说，是实事求是的肯定与褒奖，是客观的、公允的、科学的历史记录。

这一道光　世界首创

心系激光大业，使命重于泰山。周寿桓一贯重视将研究成果转化为实际应用。他的绝大部分研究成果，都在工程上得到很好的应用，为国防建设和现代化事业作出了杰出贡献。

20 世纪 80 年代初，周寿桓与物理所、清华大学等单位联合提出研究可调谐激光技术，在国内率先实现 230~1390 纳米可调谐激光输出，并形成产品。1985 年，该产品经专家鉴定认为，"系统稳定，效率高，系国内首创，达 80 年代国际水平"，获国家科技进步奖二等奖。

20 世纪 90 年代初，为紧密结合军事应用需要，他研发了人眼安全波长激光器。1990 年即提出采用 OPO 获得 1.57 微米人眼安全激光的技术方案。当时通常是采用气体拉曼移频的方法获得人眼安全波长，需要高压气体组件，安全性差，工作重复频率低，体积、重量大，不能满足军用要求。

1991 年，他研发的高功率、多波长激光器，经专家鉴定认为"综合指标为国内领先，国际 80 年代末同类产品先进水平"，获电子工业部一等奖。

20 世纪 80 年代末，周寿桓与中科院大气所、民航华东管理局合作研制成功"跑道视程、斜视视程和云高激光探测仪"。逐步解决了外场环境下无人监控、长期工作可靠性以及电磁兼容等一系列工程技术问题。1988 年，经专家鉴定认为"该机系国内首创，技术性能达到 80 年代国际先进水平……这台仪器研制成功对促进我国航空气象保证的现代化和提高民航运输的经济效益都具有重要意义"，获电子工业部科技进步奖一等奖。

他还与大气所合作研制了 XUZ01 气象激光雷达（负责激光系统和整机）。对在军标条件下激光器和机械系统的稳定性、可靠性做了大量的研究工作。XUZ01 气象激光雷达通过了国家军用靶场设计定型试验、恶劣环境条件下部队使用试验，完成军工产品设计定型鉴定。1992 年，经专家鉴定认为"该激光器达到国际同类产品先进水平，在高能见度探测能力方面处国际领先地位……具备了军工产品设计定型条件……通过了国家军用靶场设计定型试验和部队使用试验，是我国首次应用激光技术实现对能见度进行定量化测量的军用装备型号产品……对我军新时期提高气象保证能力有着重要意

2006 年，周寿
桓在实验室

义"，该研究成果获 1993 年电子工业部科技进步奖二等奖。

1996 年，周寿桓与华中理工大学合作研制的机载激光探潜试验系统，历经艰难险阻，终于解决了变反射率腔镜激光器在机载冲击振动、海洋湿热等恶劣环境下，长期稳定、可靠工作的重大工程技术难题。整个机载、船载试验过程中，经历了海浪冲击、海水浸泡的严峻考验，激光器仍然正常工作，保证了外场试验的顺利进行。该研究成果获 1998 年教育部科学技术奖一等奖。

2002 年，他带领他的团队完成"863"项目"百瓦级全固态激光器关键技术及产业化"，研制成功 25、50、75、100 瓦级系列产品，获得 6 项专利。

……

这些成果，是汗水的结晶，是智慧的结晶，是劳动创造幸福的结晶！

但这些成果不是终点，周寿桓还有更高的目标，更宏伟的计划、更远大的理想！

科学家最令人钦佩的是锲而不舍的献身精神。作为某项"973"

计划的首席科学家，周寿桓咬定青山不放松，耗时五载，坚韧不拔，终于在他主持的重大课题试验中首次观察到新概念激光，理论实践世界首创，为他的光电人生书写了精彩的一笔。

众所周知，始于 1997 年的国家重点基础研究发展计划（"973"计划）旨在加强基础研究，提升自主创新能力的重大战略举措。在"973"计划的十年成果中，有"非线性光学""超强超短激光"的内容。周寿桓一直为母校中国科学技术大学理工结合的办学传统引以为荣。他始终认为，基础科学是应用科学的基石，基础研究创新是应用研究创新的根本和前提。在长期从事应用研究的同时，周寿桓始终关注、不断探索相关领域的基础研究，旨在寻求固体激光大业新的更大的突破。

长久以来，周寿桓对聂荣臻元帅心存敬意，因为聂荣臻主政国防科工委期间，部署了一大批创新研究，一生追求科技报国的他投身其中，为之拼搏，颇有斩获，其心如愿，其乐无穷。他深情地说，聂荣臻手上一大批创新研究成果斐然，大大推进了我国国防建设，可是到后来，老本差不多吃光了，用光了，所以国家赶快布局创新研究，提出"973"计划。

"973"计划囊括诸多军事领域，自然涉及激光专业，周寿桓求之不得，跃跃欲试。他精心确定方向，瞄准国际前沿，自定科研高指标，以国家安全重大基础研究项目，"中红外掺杂纳米晶量子点固体激光"申报"973"计划。

哪知，立项艰难，尽管他是院士。

科技界都知道，"973"计划的门槛是很高的。周寿桓知难而进，反复酝酿，拿出这一宏大而艰巨的项目，此时已是院士的他已经有了更高的平台、更广阔的空间。11 所作为首席科研单位，他作为首席科学家亲自挂帅。联合南开大学（2005 年 9 月受聘为南开大学陈省身讲习教授，由于2006年受聘四川大学，2008年8月主动辞去这一职务）、南京大学、天津理工大学、中国电科53所、四川大学，多个科研院所和高校协作攻关。尽管他底气十足，拼命搏一把，可项目申报并不容易，"973"项目立项要经过层层把关，院士也得按规矩来。所有答辩过程，他全程参加。

提起这事，周寿桓感慨万千：

我们是第一批国防重点实验室！当时规定，重点实验室没有担任"973"项目的首席就不能评优。所以，虽然当时已经快70岁了，仍然要尽最后努力作为首席申请到"973"项目。并不像外界传说的那样，院士要项目、要钱都给。其实每一轮评审会，有的专家都要问一句话："有没有把握？"有没有把握？我实事求是地说："没把握"，因为这是真正完全的创新。之前，国内外都没有，没有人提出过这样的想法，更没有成功的经验。但并不是凭空想出来的，是建立在当前科技发展的基础上。不违背已有的科学原理，并且在申报过程中已经开始了一些探索性试验。但是否能在短短的三年内研制成功，完全没有把握！但没把握，这一条就要扣分了。所以，在中国真正的创新是很难的，难就难在要"有把握"。"胆大"的就挺起胸脯说"有"，"胆小"的只好轻轻说"没有"。虽然，项目申报过程中还是多次被"扣分"，多次"惊险闯关"，最后"歪歪扭扭"地通过立项申请。看来，明白的专家、明白的领导还是多数。

立项难，试验研究成功更难！

周寿桓没有松口气的时间，他把研究指标定高了一步，他希望对得起关心他、支持他的领导和专家。他要从创新的材料做起，要用创新的材料研制出创新的激光器，观察到激光输出。而原定研制出新材料，观察到激射就算成功。

这里顺便说一句：观察到激射输出，是指在输出光中观察到"受激辐射"；观察到激光输出，是指在输出光中观察到的"受激辐射"占"统治地位"的激光。两者有本质差别。

五年时间已经过去了两年，没有结果。有人说风凉话，"院士也有败走麦城的时候。五年能成吗？再给五年也不行。"还有人说，"科学就是科学，它不认你是不是院士，它认的是科学规律。"

这时，怀疑、打击、嘲笑等现象四起，但周寿桓排除干扰，继续他的试验。

第三年，领导出于关心，劝周寿桓降低指标，改为观察到"激射"。因为不降低指标，大家都不好过。

他坚持不降指标，他已经观察到"苗头"，相信自己的能力和判断，相信自己团队的智慧和水平。那段时间，他舍身忘命，夜不能寐，脑海里全是目标任务。他想，这辈子从来没有完不成的任务，这次完不成任务，后果很严重。

他顶着多方面的压力，坚持不改指标。终于看到希望了，"出光"了！但他并不急于宣布。

对于他来说，这是拼搏之光、智慧之光、希望之光。他按捺住激动和喜悦，出奇地冷静："因为这个第一次出光，可能是试验上的误差，也很可能不能再次重复。因为是首创，要用多种方式去证明，要证明它是"激光。"激光和荧光有很大的区别，平常我们所看的都是荧光，激光是有明确的判据，这些判据要全达到，要从材料制备开始，反复验证多次重复。又用了大半年时间，结果都对了，观察到的激光确切无误，这才松了一口大气，正式对外宣布。宣布的时候离项目截止时间只剩两三个月。

从开始的思想凝练、资料收集、调研、理论验证、初期探索、评审答辩、立项……现在大家的心终于放下了。但他对"国际首创"仍然有点放心不下，在立项时虽然经过了专业机构的"查新"，但这过去的五年是否有别人比我们更早做出了成果？还要请专业机构再次"查新"确认。

这个项目从 2005 年开始筹划，到 2013 年 12 月结题。其中，2007 年查新结论为"国际上首次提出了一种固体激光新概念，其设计方案在国内外都未见报道"。2012 年查新结论为"国内外未见掺杂（Nd^{+2}，Er^{+2}，Cr^{+2}，Co^{+2}，Fe^{+2}）纳米晶实现激光输出的报道"。

查新结果表明，该成果属于国际首创，大家终于松了一口气。

2013 年 9 月 17 日，总装备部国家安全重大基础研究专家顾问组在北京召开了"中红外掺杂纳米晶量子点固体激光应用基础研究"项目验收综合评审会。评审意见如下：

> 该项目按照总装国防"973"项目立项批复，针对中红外掺杂纳米晶量子点发光与激射输出机理、材料与激光介质制备和表征、新型激光器构建和性能综合评估等三个重大基础问题开展了深入研究。项目全面完成了规定的研究内容，达到了考核指标要求。
>
> 项目取得了多项重要创新性研究成果。探索出了采用掺杂纳米晶量子点固体激光材料实现新波长、中红外激光输出的新原理，初步建立了掺杂纳米晶量子点固体激光材料的发光和激光理论模型；成功制备了中红外掺杂纳米晶量子点固体激光材料，实现了基质吸收调控和荧光波长调控，突破了掺杂离子难以进入纳米尺度晶粒的技术难题；国际上首次实现掺杂纳米晶量子点中红外激光效应。

项目在研究中锻炼形成了一支高水平的中青年科技队伍……符合验收要求。

这一重大科研成果的相关论文发表后，在国内外引起强烈反响，这标志着国际上承认周寿桓首次观察到的激光，属于国际首创。《20 世纪中国知名科学家学术成就概览》写道：

21 世纪伊始，周寿桓开始了采用新方法实现激光波长拓展的理论和实践探索。鉴于几十年来可用的固态激光波长只有少数几个，实现新波长激光输出不仅是应用急需，还具有重要的科学意义。周寿桓与团队一起经过多年努力，于 2005 年在国际上首次提出一种新概念激光，2008 年通过国家重大基础研究项目立项申请，他作为首席科学家，带领团队经过材料体系设计、制备、微腔理论研究和制备、泵浦结构、材料和激光性能测试表征等一系列创新研究，2012 年实现激光输出，为国际首创。

周寿桓深有体会，自己之所以能取得这样的成果，原因之一在于当时没有轻易放弃，这个信念很重要。"失败是成功之母，往往仅差一步就成功了，但恰恰是那一步，很多人都坚持不下去。从事创新性科研，就是逆水行舟，不进则退。我有两个试验终身难忘，一个是这一次观察到激光，另一个是 Q 开关 Nd∶YAG 非稳腔激光器。'锲而不舍，贵在坚持'是我这辈子工作一个总的切入点、聚焦点。如果没有这种'咬定青山不放松'的思想，恐怕到头来只是碌碌无为，成不了大事。"

无疑，周寿桓这段话是他多年工作经验的总结，更是他灿烂人生经历的总结。是实践的真知，是实践的感悟，是实践的体会，是他在科学发明创造的大道上阔步向前的秘诀。

与此类似的还有国家自然科学基金重大项目"高功率全固态激光相关基础科学问题研究",经历了三年时间的准备,最终获得批准。周寿桓在该项目中任负责人兼首席科学家,"提高高功率全固态激亮度的基础问题研究"课题组组长。该项目经过三年的努力奋斗,于2012年12月顺利结题,验收专家组对项目总体评价为"优"。项目共由三个课题组成,他负责的课题一和课题三被评为"特优"。对国家自然科学基金来说,这样的评价很高了。

2009年,他带领博士研究生开始了新的探索,研究一种新型高重频远程激光雷达。这是一项极具独创的、艰难的预研工作。

新型高重频远程激光雷达

当前应用较广、研究较多的激光雷达主要有能量型、相干探测、单光子探测、量子激光雷达(利用单光子量子纠缠)等。

能量型激光雷达主要是利用了激光能量在时间、空间、光谱上高度集中的特性,采用回波脉冲幅度阈值比较的方式识别信号。为了提高性能和满足不同应用要求,又发展了 Q 调制、距离选通、编码、锁模、非线性频率变换等多种技术。这是研究最早、目前应用最广的一种激光雷达。经过多年的努力,能量型激光雷达的主要性能都有了显著提高,但是它仍有一个最主要的缺点是没有充分利用激光的特性,所以,从探测灵敏度来说仍然很不理想。而提高探测灵敏度是激光雷达研究者始终不断追求的目标。

随着探测距离的增加,从远处目标反射回的信号光也减弱,最后信噪比严重下降。如果采用高倍放大,结果被放大的主要是噪声,仍然探测不到信号,即使采用窄带滤波器也无济于事。

相干探测激光雷达除利用了能量型所用的特性外,还利用了激光的相干性。从发射的本振激光中分出很少一部分，在相干时间内，将从目标上反射回来的信号光与保留的本振光进行"相干识别"，只放大"相干的"回波信号，结果大大提高了信噪比，探测距离显著提高。

在其他条件相同的情况下，相干探测的最远探测距离取决于激光的相干长度（激光的线宽越窄，相干长度越长）和相干激光的功率，但同时获得很窄的线宽和很高的激光功率非常困难。据文献报道，能够达到300km测距能力的激光器相当庞大，需要三栋大楼安放。

理论上，单光子探测只需接收一个回波光子，如果能检测出来就成功了，其探测灵敏度也是最高的，在给定功率下激光雷达能达到最远探测距离。但实际上，没有那么灵敏的接收器件。只能在精确时间波门或弱背景光下，通过多次积累实现远目标的探测。另外，即使有极高灵敏的接收器件，微弱的环境杂光也将使它饱和或烧毁。所以，目前实际上的单光子探测是多次积累，相当于用时间换取灵敏度，在目标高度机动的情况下不适用。

在提出量子计算机、量子通信等情况下，人们也开始了对量子激光雷达的探索研究。当然这是同样情况下探测灵敏度最高，能够达到物理极限，且不一定需要多次积累的一种方法。应该说，理论上是最好的一种体制。但在恶劣环境、远距大气中传输的情况下，保持单光子量子纠缠等难度极大，估计近三十年难以实现。

既然，达到物理极限的量子激光雷达近期不可能实现，那么研制一种综合利用能量探测、相干探测、量子纠缠以及其他创新技术，以达到工程上实用，理论上逐渐接近物理极限的新体制激光雷达应该是迫切需要的。

为了攻克同时获得窄线宽和高功率的难关，周寿桓及其团队做出以下努力：发明了裁拼波技术，使得在线宽不变的情况下，激光功率大幅提高；发明了激光信号随机编码、解码方法，大幅提高了微弱信号检测的信噪比；发明了回波偏振、相位补偿；创新性应用了基于能级匹配的量子参量放大；克服大气抖动；将激光量子特性及现代雷达信号处理方法相结合应用等。使新型激光雷达具有：同时分辨目标的多种信息（距离、速度、图像、振动、偏振等）、测程远、数据率高、功耗小、无水冷、抗干扰能力强、与红外系统兼容性好，大大减轻了共孔径窗口材料与镀膜的抗破坏阈值要求，易于激光红外跟踪系统集成。

通过试验证明，新型激光雷达原理正确、可行。

2018 年 2 月，在成果鉴定会上，专家们一致认为：

提出了一种高效激光量子探测的新体制，攻克了多项关键技术，研制成功了原理样机，并进行了外场试验验证，显示出了优异的性能和重大应用潜力。

1. 提出了一种基于可变延时本振的高效相干量子探测技术体制，发明了一种激光信号随机编解码方法，并成功用于微弱信号检测中，大幅提高了对回波信号的检测信噪比。

2. 提出了一种激光裁拼波方法，在激光线宽不增大的情况下大幅提高激光器的输出功率，为实现远距离探测提供有效的技术途径。

3. 创新性应用了基于能级匹配的量子参量放大方法，有效降低了调制非线性对检测性能的影响，显著提高了信噪比。

4. 提出了一种回波偏振、相位补偿方法，有效降低了大气对接收信号偏振、相位的影响，提高了环境适应能力。

该项目技术复杂，研制难度很大，原创性很强，有重大技术创新。……与普通激光雷达相比，所需激光的发射功率减小了 5 个数量级。

随后，为了增加激光的相干长度、提高获取目标多种信息的能力、优化信号处理、降低功耗、提高数据率、克服大气湍流对接收耦合以及退偏的影响，他率领团队继续开展创新研究。

例如，为了达到 200 千米的探测距离，在发射天线口径为 200 毫米以及其他条件相同的情况下，发射激光的线宽应该小于 200Hz，峰值功率应大于 5 千瓦。就目前的研发水平，单频激光器不可能达到这个要求。

因此，首先要从"经典"过渡到"量子"，研究"相干""衍射极限"，并寻找工程上实用的方法和技术。另外，在探测距离为百公里级时，经大气衰减，目标反射的回波信号约为数十个光子，为了降低后级电放大器的处理难度和提高系统的探测概率，还需要研究光频域"光子级"低噪声信号放大。还要研究通过回波信号特征对目标图像、速度、振动、偏振等的提取和识别。

这里我们还要补充介绍一下激光产生的基本原理。

激光（Light Amplification by Stimulated Emission of Radiation，Laser），直译为"辐射的受激辐射光放大"。

1. 玻尔兹曼分布

在大量原子（分子）组成的系统中，热平衡时，各能级上的原子数（集居数）服从玻尔兹曼统计分布

$$\frac{N_2}{N_1} = e^{-\frac{(E_2-E_1)}{\kappa T}} \tag{1}$$

式中，$k-$ 玻尔兹曼常数，其值为 1.38062×10^{-23}J/K，$T-$ 热平衡时的绝对温度，N_1（N_2）对应于能量为 E_1（E_2）上的集居数。为简化起见，假设能级 1 和能级 2 的统计权重（能级简并度）相等。

所以，在热平衡时（日常生活中绝大多数情况），高能级上的集居数总是小于低能级上的集居数。

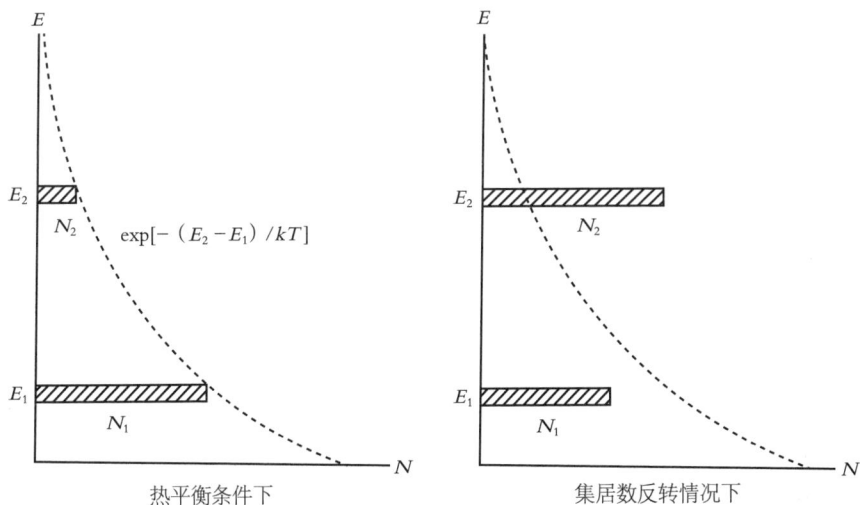

$$\exp[-(E_2 - E_1)/kT]$$

热平衡条件下　　　　　集居数反转情况下

热平衡及反转情况下集居数的玻尔兹曼分布示意图

2. 自发辐射

爱因斯坦从辐射与原子相互作用的量子论观点出发，提出相互作用应包含原子的自发辐射跃迁、受激辐射跃迁和受激吸收跃迁三种过程。

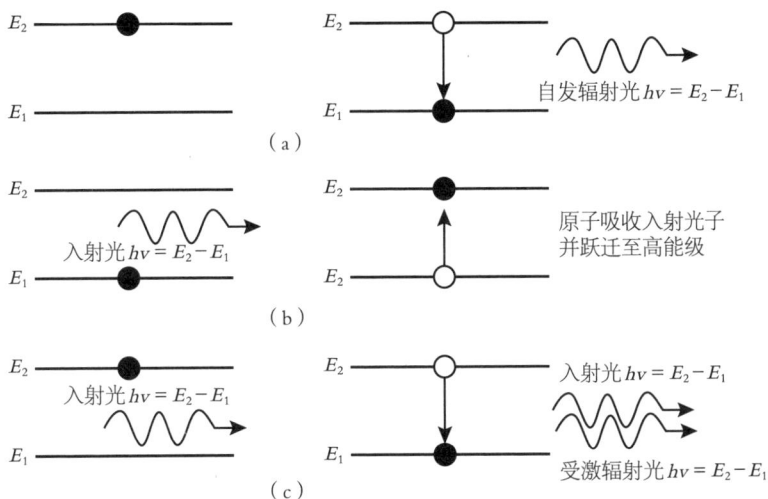

原子的自发辐射、受激辐射、受激吸收示意图

上图（a），处于高能级 E_2 的一个原子将自发地向低能级 E_1 跃迁，并发射一个能量为 $hv = E_2 - E_1$ 的光子，这一过程称为自发辐射。也可能通过"热弛豫"发射声子。

自发辐射跃迁只与原子本身的性质有关，与辐射场无关，自发辐射跃迁的概率正比于原子在能级 E_2 平均寿命的倒数。同一系统中，（同时）大量自发辐射产生的光子之间没有相互关联。这种光的频率、相位、偏振、转播方向等是杂乱无章的。我们平常看到的光，阳光，灯光，都属于自发辐射光。

3. 受激吸收

上图（b），处于低能级 E_1 的一个原子，在频率为 v 的辐射场作用下，受激地向能级 E_2 跃迁并吸收一个能量为 $hv = E_2 - E_1$ 的光子，这一过程称为受激吸收跃迁。受激吸收跃迁的概率

$$W_{12} = B_{12}\, \rho_v \qquad\qquad （2）$$

B_{12} – 受激吸收跃迁爱因斯坦系数；
ρ_v – 频率为 v 的单频辐射场能量密度。

4. 受激辐射

受激辐射跃迁是受激吸收跃迁的反过程。如（c），处于高能级 E_2 的一个原子，在频率为 v 的辐射场作用下，受激地向低能级 E_1 跃迁并吸收一个能量为 $hv = E_2 - E_1$ 的光子，这一过程称为受激辐射跃迁。受激辐射的概率

$$W_{21} = B_{21}\, \rho_v \qquad\qquad （3）$$

B_{21} – 受激吸收跃迁爱因斯坦系数；
ρ_v – 频率为 v 的单频辐射场能量密度。

要特别强调：受激辐射跃迁与自发辐射跃迁有本质上的不同，

自发辐射跃迁只与原子本身的性质有关，与辐射场无关；受激辐射跃迁除了与原子本身的性质有关外，还与辐射场有关。

5.受激辐射光放大

在同一个场的作用下，当能级 E_1 与能级 E_2 的统计权重相等时，受激辐射跃迁的概率与受激吸收跃迁的概率相等，$W_{12} = W_{21}$。系统发生受激吸收的强度正比于低能级 E_1 上的集居数 N_1，发生受激辐射的强度正比于高能级 E_2 上的集居数 N_2。由于在热平衡时（日常生活中绝大多数情况），高能级上的集居数总是少于低能级上的集居数，所以，系统总体表现为受激吸收。

从上面玻尔兹曼统计分布（1）式可以看出，在室温（在热平衡时 $\approx 300K$）时，与热能 kT 对应的能级间隔的能量 $h\nu = 1.38 \times 10^{-21}J$，对应的频率 $\nu \approx 6 \times 10^{12}Hz$，对应的波长 $\lambda \approx 50\mu m$，这已属微波波段了。也就是说，对于微波来说，虽然上能级的集居数仍然少于下能级，但相差并不多。

若以红宝石激光波长 $0.6943\mu m$ 估算，$N_2 / N_1 \approx e^{-69}$。也就是说，在波长 $0.6943\mu m$ 的可见光波段，上能级的集居数（与下能级相比）已经忽略不计了。所以，在波长 $0.6943\mu m$ 的可见光波场作用下系统总是表现为受激吸收。

当大量原子在同一辐射场作用下，受激辐射产生所有的光子，都与外加辐射场的频率、相位、偏振、转播方向相同。因此，要实现激光（受激辐射光放大）输出，首先必须使激光介质内，上能级的原子集居数大于下能级原子的集居数，即集居数分布反转。因此在适当频率 ν 的光场作用下，系统表现为受激辐射光放大，当受激辐射光被放大到一定程度，即远远超过系统的自发辐射时，就形成了激光。

但是在热平衡时不可能达到集居数反转。从（1）式可以看到，

在 $E_2 > E_1$ 的情况下，若要使 $N_2 > N_1$，只能想象公式中绝对温度 T 为负值（低于 $-273℃$），早期又称为"负温度"状态，当然这是不可能的。于是发明了外部注入能量（泵浦）打破热平衡，在暂时打破热力学平衡的不稳定情况下实现集居数反转。

上面已经看到，以红宝石 $0.6943\mu m$ 来看，$N_2 / N_1 \approx e^{-69}$，要产生激光，需要注入很高的能量才能实现集居数反转。

红宝石是在 Al_2O_3 的单晶中掺有很少量的 Cr^{+3} 离子，属三能级系统。C_r^{+3} 离子有关激光跃迁的能级简化图中，室温下绝大部分 Cr^{+3} 离子都处于基能级①上。当用氙灯（可发出强光，俗称小太阳）光照射（泵浦）时，大量基态 Cr^{+3} 离子被激发到泵浦带③内，离子在能带③上的寿命极短（约为 $10^{-7}s$），它们很快跃迁到寿命较长（3ms）的亚稳态②上，并在 3ms 时间内暂时使集居数 N_2 偏离热平衡的玻尔兹曼分布。它的大小正比于泵浦速率，只要 N_2 仍然小于 N_1，那么红宝石仍然是对 $0.6943\mu m$ 波长光的吸收器，但吸收系数随泵浦强度的增大而减小。同时，E_2 上的 Cr^{+3} 离子不断自发跃迁回到基态 E_1 并发出 $0.6943\mu m$ 的自发辐射（荧光），这与普通光源没有原则区别。当泵浦强度继续增加到 $N_2 > N_1$，即达到集居数反转时，红宝石仍然变为对 $0.6943\mu m$ 波长光的放大器。但 $N_2 > N_1$ 并不意味着受激辐射已大大超过自发辐射。只有当泵浦光强继续增大到某一阈值，受激辐射大大超过了自发辐射，占了"统治"地位，激光器才开始振荡，发射出 $0.6943\mu m$ 激光。

因为在室温下，红宝石中

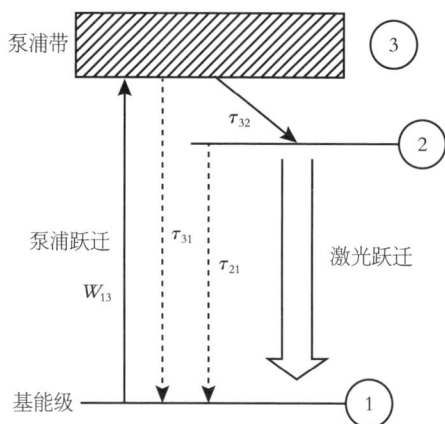

三能级激光器的能级简化图

绝大部分 Cr^{+3} 离子都处于基能级①上（$N_1 \approx N$，$N_2 \approx 0$）。为了实现集居数反转，必须把全部 Cr^{+3} 离子的一半以上泵浦到能级②上。这就要求非常强的泵浦源，阈值很高，能量转换效率很低，不到百分之一。

1965 年 11 所开始了新型激光晶体 Nd^{+3}：YAG 的研制。它属四能级系统，有关激光跃迁的能级简化图如下。

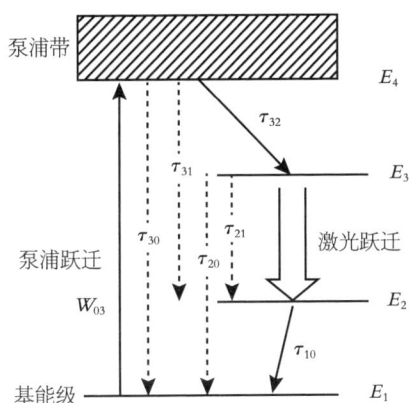

四能级激光器的能级简化图

室温下绝大部分 Nd^{+3} 离子都处于基能级 E_1 上。当用氙灯光泵浦时，大量基态 Nd^{+3} 离子被激发到泵浦带 E_4 内，离子在能带 E_4（和 E_2）内的寿命极短（约为 10^{-9}s），它们很快跃迁到寿命较长（约 240μs）的亚稳态 E_3 上，并在 240μs 时间内使 E_3 上的集居数 N_3 大于 E_2 上的集居数 N_2，偏离热平衡的玻尔兹曼分布。它的大小正比于泵浦速率，E_2 上的离子的寿命极短，只要能级 E_3 上有少量的离子，就能保持着 N_3 大于 N_2，因此 Nd^{+3}：YAG 晶体就是 1.064μm 波长光的放大器，当泵浦光强继续增大到某一阈值（远比红宝石的低），受激辐射大大超过了自发辐射，占了"统治"地位，激光器开始振荡，发射出 1.064μm 激光。与红宝石相比，Nd^{+3}：YAG 激光器的阈值低、能量转换效率高（目前，最高可达 70%），是一种很优良的激光晶体。

Nd^{+3} 的泵浦带 E_4 中 0.81μm 和 0.75μm 两个带最重要。氙灯的辐射是从紫外到红外的一个很宽光谱，如果用氙灯泵浦，绝大部分能量仍然不能被晶体吸收产生激光。而且，紫外辐射将使晶体的质量退化，红外辐射将使晶体产生"热效应"，使光束质量变差。所幸，激光二极管发射 0.808μm 的激光，正好可以作为 Nd^{+3} : YAG 的理想泵浦源。

不懈追求

从上面的介绍中，我们可以看出，消除（减少）固体激光器中的热效应是何等重要且漫长。在这一过程中，又引出了一系列重要的成果。

他心目中的光电世界，仿佛一条时光隧道，奥秘无穷，精彩纷呈；他无时无刻不沉浸其中，追逐电之热烈，光之精彩，追逐光和热的太阳！

他是一位全固态激光技术研究的开拓者，他倾其一生追求二极管泵浦固体激光器的研究、开发、应用，为它呕心沥血，专注如一，无怨无悔！

二极管泵浦固体激光器（Diode Pump Solid State Laser，DPSSL），也称作全固体激光器。在早在 20 世纪 70 年代初，半导体激光器研究的性能还远不能用于泵浦固体激光器时，他就率先在国内提出用（发光）二极管泵浦固体激光器的设想，并开展了初步的研究工作，这是我国最早开展用固态的半导体代替气态的闪光灯做固体激光器的泵浦源的研究。

他用二极管替代闪光灯作为泵浦源的技术设想由来已久，却举步维艰，正值"文化大革命"，国内的二极管技术不过关。周寿桓建议有关单位研制二极管，自己也找了协作单位。尽管四处奔走，费了不少周折，上级主管部门和协作单位也同意立项。但是，非常时期人心混乱，周寿桓人微言轻，干着急没办法。打倒"四人帮"后，全国的科研、生产逐渐恢复，很多事情又重新提到日程上。

20世纪80年代中期，国际上由于二极管取得技术突破，二极管泵浦固体激光器技术引起广泛重视，应用与研究迅速发展。我国也从"文化大革命"的动乱中解脱出来，倍受鼓舞的周寿桓在技术准备的同时，努力联系协作攻关研制二极管，但与国际上的进展相比差距仍然很大。

20世纪80年代末，周寿桓每年赴国外访问研究3个月。1994年，他开始在美国纽约市立大学亨特学院做高级访问学者，1996年12月29日回国。在亨特学院，周寿桓参与了处于国际最前沿的研究课题，浓厚的学术气氛、先进的试验条件以及教授的帮扶，使他倍受鼓舞。他全身心地投入到全固态激光技术的研究工作中，并取得了多项重要成果。他的学识、工作成效和爱国热情受到实验室教授又称为"老板"的高度评价，称赞他是"极有价值的合作伙伴"，并希望他以后能经常访问该实验室。

他回忆说："到亨特学院后，我做出了一个重要决定——辞去班长职务，并推荐我的一个已毕业留所工作的研究生担任。我当时的想法是：一来我可以得到一些解脱，专心学术研究；二来也给青年们更多展现自己才能的机会。"

11所集体转业后，出于习惯，一直沿用部队的一些称谓，如科研基层以"班"为单位，一个班有几个课题组。周寿桓当时所在的班有5个课题组，作为班长的他要全面负责所承担的课题，遇到技术难关常常夜不能寐；还要负责申请经费、专业发展以及奖金分配等，虽是"无品芝麻官"，却有不少业务外的杂事。

他说："我主动辞职一事，在所里大概还算头一次，因此有人怀疑我是想'撂挑子'。其实，我平常连周日也带着年轻人在实验室工作，专心攻克二极管泵浦固体激光器的难关，使之走出实验室，应用到工程上，以了多年的夙愿。"

研制高平均功率二极管泵浦固体激光器主要遇到两大困难：一是国外在先进的元器件方面对我国禁运，只有关键元器件实现国产化才能保证国防需要；二是由于二极管对温度非常敏感，与要求在恶劣环境下可靠工作的国防应用有很大差距。

他带领他的团队披荆斩棘，克服重重困难，终于研制成功了工作重复频率 300 次 / 秒的高重频高峰值功率倍频二极管泵浦固体激光器，取得高平均功率二极管泵浦固体激光器的重大突破。专家鉴定认为，该项目"填补了国内空白，与国际同类器件相比，属国际领先水平"。

他带领他的团队专注攻坚，过关斩将，把二极管泵浦源研究运用推向纵深，而且大有斩获。用二极管代替闪光灯泵浦固体激光介质，不仅大大降低了无用热功耗，使激光器效率显著提高，还促进了一系列新器件、新技术的迅速发展。例如：在军用恶劣环境条件下，如何实现 100% 概率的高功率、单纵模激光运转，一直都是一个难以逾越的技术难题。1993 年在与国外同行专家的合作研究中，周寿桓他们创新性地提出了通过控制掺杂元素组分、谐振腔型、激励强度、激励程序等参数，在整个谐振腔内形成低"损耗光栅"，巧妙地消除了驻波腔固体激光器中空间烧孔对激光单纵模工作造成的不利影响，在 Q 开关脉冲固体激光器中成功实现了概率达 100% 的单纵模运转。这种方法消除了单纵模工作模式受谐振腔腔长的限制，使单纵模激光器的工作效率和输出功率都大幅提高。这一国际首创的技术成果获美国和中国发明专利，并已在许多重要工程项目中获得广泛应用。经专家鉴定认为"该成果属国际首创，主要技术指标属当前国际领先水平"，获国家发明奖二等奖。

还有，亚纳秒激光技术具有重要的实用价值，但通常采用的方案结构相当复杂，稳定性差。

针对这一难题，1995 年周寿桓发明了用 Q 开关方法获得亚纳秒激光的新的实用技术，系统简单、性能稳定可靠，应用前景广阔，提供了一种可在恶劣环境条件下应用的新型亚纳秒激光源。

二极管泵浦固体激光器发展初期，其研究和应用都必须在环境条件要求很高的实验室中进行，环境适应能力差是其在工程应用中遇到的一大难题，世界范围内的工程技术专家都在致力于解决这个难题。因为有很重要的军事应用背景，国外对其技术路线和解决措施都严格保密。

为攻克这一难关，他带领团队深入系统地开展了大量研究工作，不断地发展相关理论与技术，这些工作不仅促进了国产大功率二极管阵列的进展，还取得了一系列重要的工程应用成果。

莫道寒梅枝头俏，万紫千红春先知。

周寿桓不懈追求，领军国内二极管泵浦固体激光器研究应用，打造了令人仰视的制高点。现在的 11 所今非昔比，大功率激光器研制独领风骚，采用全国产化元器件开展的全固态激光技术研究，取得了非常可喜的进展，这些工作打破了国外的封锁、禁运，攻克了恶劣环境下使用的技术难关，许多研究成果走出了实验室，在工程应用领域发挥了重要作用，获得了多项国家发明奖、国家科技进步奖和专利。

在周寿桓科研发明创造的功劳簿上，留下了这样一行行闪烁着光芒的文字：

作为标准光源的二极管泵浦固体激光器通过 AF393-98JG 要求的环境适应性考核，交付部队使用。

千赫兹二极管泵浦固体激光器通过苛刻的环境考核提供 XXX 工程应用；2002 年采用全国产化元器件研制的、输出功率超过 100 瓦的绿光二极管泵浦固体激光器（国内领先）实现批量定型生产，并经受了在用户现场进行的长期无故障运转考核。

在大功率光纤激光器研制中，带领团队采用双端泵浦方案，精心设计了大功率泵浦光束整形、耦合结构，使泵浦耦合效率大幅提高；设计了高效、实用的热管理系统，解决了千瓦级输出条件下光纤的散热问题。

通过对光纤损伤机理的深入研究和多项工艺改进，有效解决了高功率条件下光纤端面损伤问题。通过上述关键技术的突破，于 2006 年 7 月，光纤激光器输出平均功率在国内率先突破千瓦级，达 1207W，光－光斜率效率 79.3%。

2007 年 3 月，Nd:GGG 热容激光器输出平均功率达 8.77kW，光－光效率 20.2%，为国内最高水平。

2013 年，带领团队率先实现单路输出大于 13kW，光束质量 $\beta=1.7$，连续工作时间大于 100s，成为国内领先、国际先进的全固态激光器。随后又发明了腔内光场主动控制技术，使高能激光器的光束质量进一步提高。

带领团队经过两年多的调研、论证、理论和试验探索，于 2008 年通过了国家安全重大基础研究项目"中红外掺杂纳米晶量子点固体激光"立项申请，2013 年顺利结题，为又一种创新性固体激光研制开辟了道路。

2007 年，他带领的团队入选首批"国防科技创新团队"。

他培养的年轻人大多成为技术骨干，在国家重大攻关中担当重任。作为为之奋斗的一员，他感到由衷地欣慰！

这些文字的背后，是一场场没有硝烟的战斗，是一次次认识世界与改造世界的无声的较量，是一个个战胜困难的挑战。

周寿桓像一位指挥官，胸有成竹地坐镇指挥。他调集兵力，排兵布阵，有冲锋，有后退；有诱敌深入，也有单枪匹马打伏击；用兵如神，捷报频传，大获全胜。他率领的科研团队，把科学是第一生产力的大旗插在山顶！

第五章 为师之道

令我难忘的老师很多：教低温物理的洪朝生先生、教统计物理的李荫远先生、教原子物理的张志三先生。钱临照先生教固体物理，他谦虚地说"只能讲最熟悉的一章。"年轻一些的老师都是出类拔萃的技术尖子，教量子力学的朱砚馨老师、教复变函数的诸老师。我与他们年岁相差不多，知识却差之甚远，他们便成了我心中的追求目标。大师们精深广博的知识、谦虚诚恳的态度、献身科学的精神、严谨细致的工作方法、高尚无私的道德，让我终身受益，永远是我学习的楷模。

——周寿桓

班长的心愿

在周寿桓心里，他对老师这一职业是十分仰慕的。

他曾听父亲讲私塾先生是怎样用戒尺惩罚那些不听话的学生。父亲讲，私塾对于文化的传递和人才的培养，曾经作出过贡献，是为适应古代社会的需要。但是，到了近代，私塾与社会发展的要求出现了距离，因此私塾受到社会的质疑。

他认为，私塾十分注重蒙童的教养和教育，注重养成良好的道德品质和生活习惯。讲课时，先生正襟危坐，学生依次把书放在先生的桌上，然后侍立一旁，恭听先生圈点口哼，讲毕，命学生复述。其后学生回到自己座位上去朗读。凡先生规定朗读之书，学生须一律背诵。另外，私塾中体罚盛行，遇上粗心或调皮的学生，先生经常揪学生的脸皮和耳朵、打手心等。

在 11 所，在国内激光专业圈内，他重视团队建设，关心后辈成长，有口皆碑，颇有声望。他桃李满天下，有的学生长期在海外知名研究机构工作，有的已自己开创事业，但不少学生至今仍然跟他一起，以他为楷模，为我国的国防科研事业勤奋工作着。他和他的学生，组成开创科研事业的优秀团队。

1992 年，周寿桓被所里推荐并评为部级"有突出贡献专家"，推荐语这样写道：

> 周寿桓同志基础理论扎实，学术水平高，有多项成果，发表多篇学术论文，培养了多名研究生，是我所学术带头人，对激光技术有突出贡献。

这一段评语含义有三：一是有理论建树，二是有实践成果，三是有突出贡献。

其实，他的科研发明也是从基层做起，像一座金字塔一样，有塔基、塔身、塔尖。在建造"金字塔"的曲折道路上，一步一个脚印。

他当班长正值改革开放之初，政策宽松灵活，科研项目实行承包制。11所的科研班长虽说无级无别，但事情不少，手下十几个人，管理几个课题组的多个科研项目，掌控奖金分配的权利也在班长手上，小小班长，权力很大。

他作为科研带头人，精力几乎全在学术研究上。他对课题研究越是深入，越感觉人手短缺；对国外相关领域科技信息了解得越多，越感受到人才与知识的重要，明白培养技术与作风过硬的团队的重要。

身为一班之长，他关心下属，尤其是关心年轻人的成长，尽其所能为培养人才，这是他多年坚持如一的目标。

他常说："一个人成功不叫成功，一个团队都进步了，才叫成功！"

周寿桓希望他的团队与他一道展翅飞翔！

自古以来，人们就意识到了老师对学生的重要性。古语有云："师者，传道授业解惑者也""三人行必有我师"。正因为老师的巨大作用和人们对老师的崇拜，老师被冠上各种头衔，如名师、导师、特级教师等，于是就有了"名师出高徒""阅人无数不如名师指路"的话语。

人们之所以注重名师的作用，是因为在大多数情况下，名师具有丰富的经验，有着一定的方法及普通老师无法达到的高度，通过他们的指导，能让学习者少走弯路，更加顺利地抵达成功的彼岸。

俗话说，火车跑得快，还得车头带。科研也一样，对于从事科研的新人来说，想要实现科研的梦想，也需要导师的指引和扶持。

周寿桓想，怎样将自己的知识传递给自己的学生们，从不同层面、不同角度传道授业解惑，帮助学生们走向成功。

培养学生，他舍得投入。起初他亲自授课带研究生，后来实在太忙学生们就在学校里上课，回所搞科研、写论文。

1990年，一名研究生需要交给大学2万元听课费，这些费用全部由他的团队从奖金中支付，这导致他们团队在11所虽然科研成果不少，可到手的奖金却不多。但他并不计较个人得失，坚持选送"好苗子"继续深造。他回忆说："花钱送组员去读研读博，班里个别人还是有怨言。那时大家收入都不高，这也在情理之中。美国带博士生，也是教授花钱，还要给博士生发工资。我们这个单位工资不高，学生都是为国防作贡献的，我们一定要培养他，让他们有奔头！"

周寿桓家里经济也不宽裕，但他还是尽量做大家的思想工作，自己少拿奖金把别人的补齐。他的良苦用心，大家明白，也理解。

雄鹰振翅凌空飞，天高地阔任我翔。

如今，他的学生姜东升已是11所所长。当年在他的推荐下，姜东升被保送到西安电子科技大学深造，提起过去的事情，姜东升忘不了恩师"自掏腰包"精心栽培自己："周老师说他自己作为班长，掌控着班里的奖励和分配，他愿意拿这个经费鼓励我们多去外面参加学术交流，支持我们发表文章，鼓励我们继续深造，这方面的花费他不心疼，也愿意。他不愿意把这个钱省下来只用作发奖金，这样不利于我们成长！"姜东升这一席话，反映了周寿桓忠于事业、关心后辈的崇高的精神境界。

赵鸿也是他的得意门生，现在已是激光事业部部长。1992年，赵鸿大学毕业分配到11所，领导安排他到"地炮"课题组，考虑激光测距技术的需要，先到周寿桓班上接受专业培养一年。周寿桓为人为师，众口皆碑，学术水平，出类拔萃。赵鸿耳闻目睹，敬慕有加。赵鸿为人忠厚，学习认真，很有悟性，深得周寿桓赏识。

一年期满，周寿桓把赵鸿留下，并推荐他去长春理工大学读硕士研究生。赵鸿说："长春理工大学以前叫长春光机学院，激光力量比较强，也比较系统。我在那儿学的课程对后来帮助比较大。1997年毕业以后，我直接报考了中科院的博士，一直到2001年博士毕业。从入所参加工作至今，周老师一直是我的导师，言传身教不辍，除了父母，周老师是我最亲的亲人。"

周寿桓一向认为，现代科技工作尤其需要大团结、大协作，需要团队的力量。他说过，以前居里夫妇两个人就能完成的重大科技项目，现在基本上不会再有了。他着眼长远，颇费心思，助推后辈成长，旨在打造面向未来的团队。他为学生联系研读硕博学校，因人而异，量身定做，规划他们的专业发展方向。这一点，北方工业大学毕业的眭晓林感受尤深。

眭晓林是周寿桓从国外回来后带的学生，硕士是在清华大学，博士是在北京理工大学，都是周寿桓想方设法联系学校，并资助培训经费。

"宁可年底不分奖金，也应该给他投入一笔经费，让他学点东西，发展起来"。周寿桓这句话眭晓林刻骨铭心，感慨道："周老师对年轻人的培养不惜代价，令人感动。我的选修课都是由周老师指点通过的。他带学生有一个特点——因材施教。他看到这个人以后在哪个方面上能发展，会花很大精力去思考这些问题，根据这个人的性格特点，给你规划好一条路。他对我说，'你这辈子在这方面的路，我都给你规划并建议你做，也欢迎你修改，所以，先告诉你前几步，实践过程中若发现有不妥或更好的我们再一起修改'。我打

周寿桓（中）与张利民、眭晓林讨论问题

心底感激周老师，他为我规划的科研方向，让我这一辈子都有奔头，有干不完的事，这对我来说就像是吃了一颗定心丸。"

姜东升当初去西安电子科技大学读研时，周寿桓再三叮嘱，要学好《非线性光学》这门课。他说："《非线性光学》是一门新学问，很有用。后来，我们做绿光要通过频率变换，就要用非线性光学的知识。把原来的红外光，通过非线性光学的办法变成绿光。"姜东升不负师望，这门学问后来派上了用场。

古往今来，老师一直是人们赞颂的崇高职业，被比作春蚕、蜡烛、园丁、人梯……要当一名好老师，就要爱岗敬业，热爱学生，爱得专心致志，爱得无私无畏！

名师育英才

君子之行，静以修身，俭以养德，非淡泊无以明志，非宁静无以致远。

俗话说，严师出高徒。他对学生的严格要求是出了名的。他规定研究生在学习期间，必须额外自学一定数量的专业课，定期写读书笔记。他自己即使再忙，也要抽空检查学生的作业，与学生讨论问题，对于学生不理解或概念模糊的地方，他总是举一反三、耐心解释、循循善诱。

对此，赵鸿深有体会："周老师培养学生特立独行。他更看重培养年轻人的潜质，希望正规、系统地培养学生。目前我们激光技术方面，核心骨干都是周老师培养的学生。事实是，像我们这种偏重工程应用的研究机构，许多人做到最后都成了工程师。"

这也叫殊途同归。

他带学生的方法有些特别，他要求学生大量阅读文献，养成阅读习惯。

姜东升回忆说："比如 Optics Letters 和《激光工程》等期刊，周老师让我一定要认认真真、踏踏实实地阅读文献，同时要求我们在阅读每一篇文献后，都要写阅读笔记。周老师给我们布置得很详细。那时候，我边工作边进修，确实有些忙，我开始还有点不想写，觉得看一遍就可以了。可是周老师的话我不敢不听，而且他要检查的，他每周都检查，所以我只能硬着头皮阅读文献、写阅读笔记。慢慢地，养成了这种习惯。现在想来，周老师真是用心良苦啊！……周老师说，通过看文献要把当前国内外的信息动态掌握清楚。他强调不能蒙着头干活，要多了解国内外同行的想法，要跟上科技潮流。

周老师谆谆教诲，我牢记心间。"

1992 年，光学技术国际大会在北京召开。周寿桓作为会议执行委员会副主席，负责筹办会议，他抓住这个机会，让班里年轻人以会务组人员身份参与其中，见世面，长知识。为调动大家的积极性，他要求每个人都要给大会投稿；上会之前，他还模拟大会现场，要大家轮流用英语发言和提问。有人口语不太好，有些畏难，有的人没经过大场面，有些怯场，他给大家打气鼓劲。会上，大家一边整理发放文件，布置收拾会场，一边找机会与代表交流。这次大会上，国内光学界的权威泰斗如王大珩、周炳琨也纷纷出席，机会难得。

一场国际会议令大家大开眼界，长了见识，打心眼感激周老师创造的这个机会，都说收获不小，重新认识了自我，多了一份自信，添了一份鼓舞。

学而不厌，诲人不倦。

他的一生堪称学习的一生。

他带的学生受他影响，在他带动下，变成了学习型班组。学习气氛好，大家积极撰写论文，投稿发表；积极参加国内外学术交流会，自觉读书。正是这种积极向上的学习氛围，促使了个人的成长、团队的壮大、事业的成功、科研成果的丰收！

实验室是科研工作的主战场，也是科研教学的主战场。在试验工作中，他从不大包大揽，总是放手让学生们独立思考、努力实践，甚至包容他们工作中出现的失误。

20 世纪 90 年代初，在一次重要试验中，他的一名学生由于操作失误，导致一只进口的半导体激光器损坏。当时半导体激光器非常珍贵，整个课题组仅有 2~3 只，试验事故后果很严重，学生吓得不知所措。他虽然心疼又着急，却没有对学生发火，而是同他一起在试验中认真查找和分析原因，最终圆满完成了试验工作。

在电脑普及之初，11 所只有个别科研班组陆续配备。由于太少、太精贵，有的班长独自用，别人不能动。他们班组上也买了一台，有人问："别的班组这样那样的，咱们怎么规定？"他听了，觉得不可思议："电脑买来就是让大家用，还分什么我的你的学生的？只要爱护谁都可以用啊！"

中国有句老话，叫作"教会了徒弟，饿死了师傅"。他不以为然："如果教会了徒弟，把师傅饭碗砸了，证明师傅没本事。"

他教学生向来尽其所能，倾其所有。他的科研创新项目，很多都是带着学生一起完成，一起分享成果。

我希望学生在我这儿能够学到真东西、真本事，所以我会的都教给他们，毫无保留。我怕什么？今天我教他们了，明天我又更新了，毕竟我的经验多一些，知识面更全面一些。虽然一个研究成果可以赚很多钱，但如果没精力做创新研究，创新项目就慢慢少了。搞科研如果不能创新，科研生命就等于结束了。我必须要教会学生，我会的他们都会了，能独立工作了，我就解脱了，才有时间和精力再去研究新东西。

当老师的盼望学生将来超过自己，这是为师之道；长江后浪推前浪，青出于蓝而胜于蓝，这是自然规律……他说，平心而论，11 所有能力的人不少，我能当上院士，一方面是我的运气好；另一方面，如果没有学生帮助，我也不可能做那么多东西！如果什么都揽在我手里，我就不会有时间去搞新东西。

2000 年发表在《中国工程科学》的文章《二极管泵浦的高重频脉冲固体激光器研究》，他与学生姜东升一起署名；2001 年发表在《中国激光》的文章《二极管抽运高功率、倍频 Nd∶YAG 激光器》，他与学生姜东升、赵鸿共同署名。

伯乐相马，良师如灯。

姜东升记得自己在来到所里的第一项工作是做一个国防预研项目，周寿桓是课题组组长。姜东升说："为了锻炼我，周老师把大部分报告和总结都让我来写，他给我改；项目的上级领导每次来检查任务，周老师都让我去接待和汇报。通过这个项目，我把科研流程搞清楚了，工作能力也有了提高。"

他对自己的学生期望高，要求也严格。姜东升回忆说："跟周老师做项目，他鼓励我说'如果你现在爬到半山腰想停下来、歇口气，过几年再向上爬；几年后，时间、机遇、经历都发生了变化，再冲的时候也许难度更大，对你以后的发展有影响'。所以，他一直鼓励我咬着牙继续读博。"在他的鼓励下，姜东升去成都电子科技大学攻读光学博士。博士学习期间，他一边潜心做项目搞科研，一边挤时间修学分写论文。由于他对《非线性光学》学得比较透，经过锻炼，已经能够独当一面。他便让他负责绿光激光器研究项目，结果成功了，打破了西方对我国这方面的技术封锁，创造了很大的经济效益。姜东升感慨道："多亏有周老师的安排，我才取得这样的成果，工作和学习两不误，不仅提升了学术能力，还锻炼了工作能力，这是我人生很重要且收益很大的一段历练过程。"

周寿桓十分器重姜东升，出国前指定他代理班长。姜东升说："周老师当时强调说：'我走之后，你一定要和同事们团结好。把这个团队保持好，千万别把我的根基拆了，到时候我回来没地方落脚了。'周老师语重心长，对我是信任也是嘱托，我一直牢记在心。他在国外期间，我一定要把我们这个班带好、保持好、发展好。让周老师以有我这样的学生为荣，这就是我当时的心愿。"

姜东升说到做到，没让老师失望。

周寿桓从美国回来力辞班长职务，推荐姜东升接班。在周寿桓的带领下，他的科研团队后继有人，坚强有力，生机勃勃，为谋求二极管泵浦固体激光器的跨越发展提供了根本保障！

姜东升工作的头 10 年跟着周老师做科研，后 10 年被提拔到激光部当副主任、主任、科技处长、副所长，慢慢往管理方面发展了。

周寿桓一开始对这样的安排不太理解，一直耿耿于怀。中华人民共和国 60 周年国庆前夕，国家从各界邀请了 60 位代表去北戴河疗养，周寿桓也在名单内。中组部部长也去了，疗养期间每天安排半天时间谈话，有什么建议和意见尽管提出，大家畅所欲言。"其中有一条，优秀的业务尖子提拔当官，大家异口同声地反对，我也表示反对。部长听了大家的表态后，说'优秀的年轻人提拔到领导岗位，过去叫学而优则仕。我觉得学而优则仕，总比要而优则仕、跑而优则仕好。学而优则仕来的，不要官、不跑官，他们当官守规则'。"听了这番话，周寿桓顿时觉得部长比自己看得远，"这个观点说服了我，改变了我的看法，所以现在我也认为，优秀的人才应该去当官。"

赵鸿从 1992 年参加工作起，就一直追随导师，至今已经三十载，对周寿桓学术上的造诣了如指掌，深得其真传。如今，赵鸿已经在 11 所固体激光领域挑起大梁。

赵鸿心目中的周寿桓，永远是导师，是楷模，是标杆，他最敬重的是周老师学术上的勤勉与执着。他坦言：

> 最典型的就是激光器发展从灯泵浦跨越到二极管泵浦。20世纪 60 年代，国外刚刚开始研究二极管泵浦固体激光技术的时候，周老师就已经非常敏锐地感受到二极管泵浦的独特优势

和潜力，指出其必将成为未来新的发展方向。但由于当时的技术条件所限，无法开展实际的研究工作。90年代初，周老师受邀作为高级访问学者去美国亨特学院，参与了二极管泵浦固体激光技术的基础研究工作，这在当时的美国也是最前沿、最先进的。周老师废寝忘食，前后历时三年有余，获得了大量的研究成果。回国后，周老师在最短的时间内争取到研究经费，组建团队，在国内最早开展了二极管泵浦固体激光器的研究工作，开启了我国激光技术发展从灯泵浦到二极管泵浦的新时代。

周老师从美国回来，带回的不仅是新技术、新方法、新成果，更是新方向，很多都是文献资料里缺的，起点很高。我们作为晚辈，开展研究工作的起点也高。半导体泵浦有两个特点：发射光谱与激光工作介质吸收匹配，转换效率高；方向性好，泵浦结构设计更为灵活。但凡事都有两面性，半导体泵浦技术就像一把利刃，用得好似庖丁解牛，用得不好反而容易受伤。

研究之初，我们对这些特点了解不深，在周老师悉心指导下，我们终于找到了其中的关键——泵浦结构设计及其对增益分布的影响。在激光经典理论汇总，工作介质中的增益分布都假设是均匀的，激光输出特性都是以此为基础进行理论计算和试验研究的。但是在二极管泵浦条件下，泵浦结构与增益分布密切相关，且在大多数情况下，增益分布并不是均匀的。我们自己编程进行了仿真计算，并在试验中得到了证实。结果表明，甚至在传统灯泵浦条件下，增益分布也不是经典理论描述的那样，而是呈周围高、中心低的火山口特征。这一成果很好地解释了灯泵浦条件下难以获得高光束质量输出的原因。刚刚獲得初步結論之時，我很疑惑，馬上向周老師匯報、請教，獲得了周老師的肯定和鼓勵，使我有信心繼續深入研究下去，並發表了多篇高水平論文，我的博士論文就是以此為題材完成的，畢業時獲得中科院優秀博士論文獎學金。

後來，我們先後成功研製出系列可見光激光器、短波激光器，輸出功率達百瓦以上，當時國際上只有美國和法國等少數國家掌握了這項技術。

2004年，在周老師的強力推動下，11所成立了高能固體激光專項課題組，並由我擔任專項負責人。在周老師的指導下，經過短短幾年的努力，碩果累累，光纖激光器國內首次實行千瓦激光輸出，板條激光器國內首次實現萬瓦激光輸出，技術水平始終處於國內領先地位，周老師始終是這個特殊團隊的領航人。

山西後生陳三斌，2000年到11所讀研究生以來，就一直跟著周壽桓，碩士和博士導師都是他。陳三斌在讀博士期間還獲得了五項國家發明專利授權，是"名師育英才"的典型案例。

陳三斌原先的主攻方向是光纖激光器，後來根據課題需要，專業方向調整為高能大功率的激光器方向，大功率激光器的光束質量不好（大功率激光器自身的一些因素造成激光的波前發生畸變），需要時時對其進行校正。如何能夠最快速測出來激光的波前畸變，是進行校正的前提條件。

周壽桓對陳三斌說："你博士要想畢業，就得把這難關攻克了，把這個東西做出來"。

陳三斌說：

周老師一句話"方案自己定，我來把關"。每一個方案先说给周老师，他说行不通，我再提新的研究方案，反复好多次。后来，我提出"双向相移"点衍射技术的方案，周老师判断说这个可行。至于怎么做出来，还是我自己思考。这其中有一个关键的元器件半波延迟的双折射薄膜，当时国内没有，只有一篇相关报道。别人说我们需要成立专门的研究团队来研制，起码得5年，最快也得3年，还得有大笔资金支持。

没办法，论文要做，关键器件就得有。我想，周老师以前做可调谐激光器的时候，波长变反射输出镜不就是自己设计并参与制作的嘛！周老师能这么做，我为什么不能？周老师的科研经历深深地影响着我，我认为自己也可以。

两年里，我自行设计、参与薄膜工作的制作，通过不断摸索、总结，最终，我靠自己制作出较理想的半波延迟的双折射薄膜，顺利完成了博士论文。正是周老师的精心栽培，我从硕士期间一个懵懂青年到博士毕业，成为一个可以完全独立工作的科研人员。周老师的言传身教，对我以后热衷从事科研工作的决心起了很大作用。

在与周老师相处的17年中，他的敬业精神让我震撼。他从来没有节假日，一年365天都在岗位上，我记得很清楚，17个大年初一，周老师都是在办公室里度过的。跟周老师探讨和汇报工作的时候，每次获得成绩时，周老师都深感欣慰，我更感欣慰，周老师是我走上科研道路的领路人！

南宁小伙梁兴波，是姜东升的硕士研究生，2014年时被周寿桓收为博士研究生，当时的他已77岁高龄。师傅的师傅成了自己的师傅。

梁兴波比较喜欢研究工艺和实现方法，他因人施教，给他选了

11 所北京团队部分成员
（左起：赵舒云、王建军、张大勇、赵鸿、周寿桓、姜东升、朱晨、于继承）

焊接方面的研究课题。"增益模块"是大功率固体激光器的核心部件，通常用焊接的办法安装；但是焊接面积大，要做到焊接面非常均匀平整，却是很难很难的。

梁兴波说："周老师让我专注这方面做一些研究，我查阅了国外相关文献，有些方法可以借鉴，但技术尚不完善。我提出改善方式——充氢气真空焊接。周老师仔细分析后说'现有条件下不安全，不可取。充氢气的目的是什么？那么是不是考虑在上一个环节完成呢？'我按照周老师的建议，把事情做成了，取得了阶段性成果。"

严师出高徒，名师育英才。

周寿桓用他的人格魅力影响学生。在学生的心目中，他是智慧的象征，是高尚人格的化身，他的一言一行，学生耳濡目染，起到了潜移默化的作用。

良师益友

周寿桓常说："我这一生很幸运，各个阶段都遇到了良师益友。没有他们的教导和帮助，我不可能有今天。怎样对待学生？对待后辈？我的那些老师、那些前辈都是我的楷模。"

姜东升回忆说："初见导师，有一种仰视的距离感，距离产生美和敬畏。第一次踏进周老师办公室，虽然站在角落，但我感觉那房间挺高，简直像神圣的殿堂。他就坐在那儿，那个光线打过来，面容看得不是很清楚，但是有种神圣感，令人肃然起敬！"

姜东升说，自己在西安读研那一年，周寿桓多方关照，其他研究生的生活补贴是58元，自己的生活补贴是75元，他还从课题组拿出一些奖金，再给他补贴一点，让他感觉温暖。"那时基本都是写信交流。周老师隔三岔五写信问我的学习情况，鼓励我要好好学习，尤其强调哪几个专业课要学好。头一回收到周老师来信时，我激动不已，眼眶都湿了。"

姜东升在学校修完学分回到周寿桓身边，一边参与课题，一边准备论文。面对导师一片厚望，姜东升为自己能不能胜任后续工作、能不能达到老师要求而忐忑不安。

他说：

> 起初我有压力，在周老师面前有些紧张拘谨，只想埋头努力把事做好。
>
> 在学习工作上，周老师的指导是随时指点，告诉我们怎么去做。还指定我一个大师兄带着教我，比如调试激光器，干实验室的活什么的后来跟导师接触多了，了解也多了，渐渐地，

心态慢慢放松平和了，对周老师多了亲近感。

那时候我们是单身，大山子一带挺荒凉的，晚上跟着周老师加班，经常没饭吃，他家就在我们宿舍附近。他就带我和师兄去他家，亲自给我们下面条。我们感觉很温暖。

我在北京也没太多朋友亲戚，周末没地方可去，每到周末，周老师就邀请我到他家去吃饭。他是四川人，给我们做担担面，我们吃的满头大汗。有一个细节我记得很清楚，我以前没吃过橙子，第一次在他家吃，不知道怎么剥皮。周老师拿刀切开，分给我们，我这才知道怎么吃。

20世纪90年代前期，改革开放加快速度，一时间下海热、经商热、出国热。姜东升那时工资不高，看着身边很多同学、朋友或

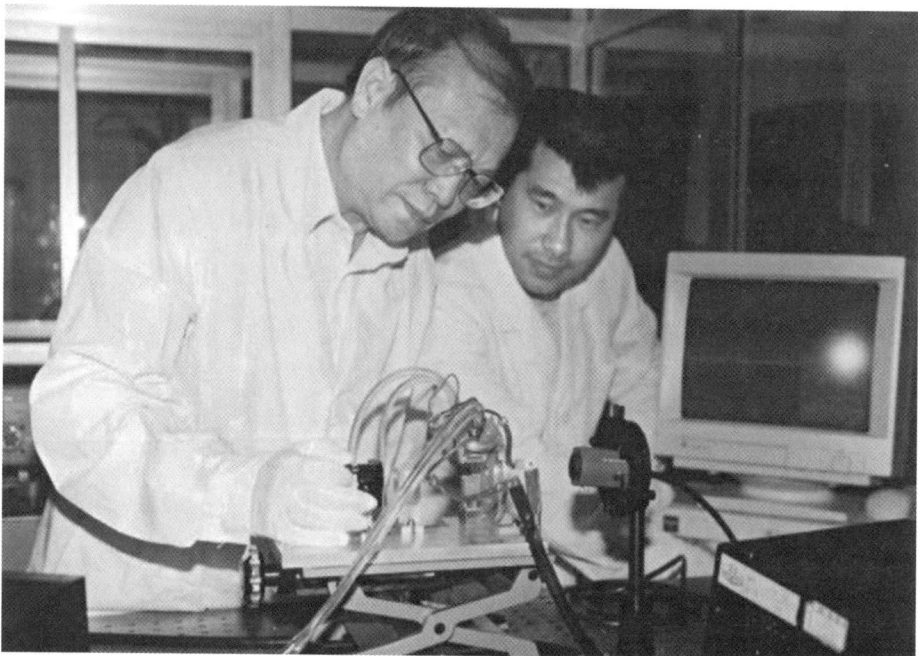

1997年，周寿桓（左）与姜东升在实验室

出国或南下经商了，他思想上也有些波动。在研究所挣钱还是少了点，感觉很迷茫。周寿桓觉察后，告诫他说："咱们搞科研工作要耐得住寂寞，搞科研不是一蹴而就，需要长期的积累和

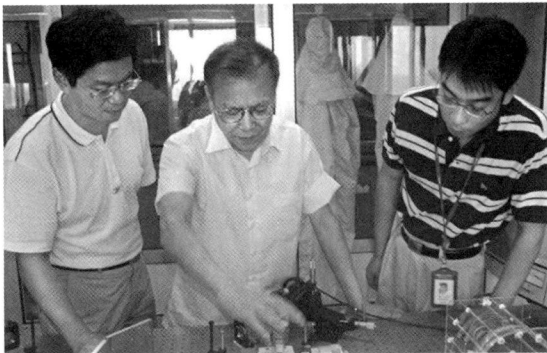

2005 年，周寿桓（中）与赵鸿、朱晨在实验室

坚持，才有可能有成就。你的心不要乱，这时候如果把时间荒废掉了，意志松懈了，过了几年之后，你会发现自己该做的事还是没有做成，时间耽误了，个人发展也受影响了，会后悔的。"

姜东升说："周老师语重心长，'耐得住寂寞'这句话，对我来说非常深刻。同时，他也给我们创造各种机会，比如出国和外出培训。总之，周老师在生活上关心、体贴，在事业上培养、扶持。周老师对我们亦师亦父。我为什么这么说呢？因为他自己也有孩子，我感觉他对儿女的关心时间很少，反而更多时间关心到我的身上，我仿佛就像是他们家其中的一员。我和他的儿女关系挺好，他们都喊我'哥'，师母对我也很好。进他家，就像回到自己家的感觉；周老师就像我的父辈一样。"

赵鸿同样对导师心存感恩。他深情地回忆：

1994 年，我在周老师课题组刚刚工作两年，他就鼓励我考硕士研究生，他说"多读书、多学习，才能不断提高"。考前上补习班那段时间，我经常工作半天，补习半天，周老师表面上不闻不问，实际上一直在背后默默地给予支持。12 月，我到长春理工大学参加研究生入学考试。临行前，周老师带我去他

家，师母给我们煮面条吃，吃完饭，周老师亲自陪我到长春，给我们助阵。

我在长春理工大学学了一年基础课，回来做前沿课题研究的论文，学以致用，受益匪浅。当时读基础课是要交学费的，这些钱都是周老师从课题费里给我们出，有的同事有意见，周老师一边给他们做工作，一边从自己的课题奖金里拿出一部分钱，帮我交学费。这个情况我事后才知道，感激之情无以言表。

读完硕士，周老师马上鼓励我继续深造，攻读博士学位，他让我"眼光要远一些，不要计较眼前的蚊蝇小利，更不要在意身边的闲言碎语，要果敢地走自己的路，国家需要高层次人才。"周老师的话听得我心潮澎湃，义无反顾地沿着周老师指明的方向前行。

读书期间，周老师对我要求很严，让我通读经典理论书籍，定期交笔记，定期谈心得，没法偷懒。同时，要求我在工作中大量阅读最新文献，分类整理，总结提炼技术路线和特点。几年下来，我对激光专业理论有了深入、系统的理解，并能在实际工作中融会贯通。

后来，我走上技术领导岗位，每年都在部门内挑选一两个好苗子，推荐给周老师读他的博士。周老师很信任我，让我做副导师，辅助他带学生。经过多年的积累，这些学生都已经成为我们固体激光技术的核心骨干。

张利明是河北大学光学硕士，周寿桓的博士研究生，脱产学习六年。他记得 2013 年元旦那天，周老师还专程去办公室和他探讨论文，"周老师连标题符号的问题也指出来了"。2014 年，得知张利明家中有困难，周寿桓马上给了他两千块钱，张利明终身难忘。2015年毕业前，周老师语重心长嘱咐他："你现在是我的学生，允许你犯错，毕业后就是博士了，理论上还要再提高"。这段嘱咐，张利明时刻记在心上。

张利明说："周老师学术上很严谨，追求完美，而且刻苦好学。那么大岁数了，依然学无止境，就像如何使用计算机就是他近来自学掌握的。周老师是我终身学习的楷模。"

周寿桓对学生掏心窝子地好，自己的儿女跟学生们相处也很融洽，简直亲如一家。儿子周翊同赵鸿在长春光机学院还是同学，至今以兄弟相称。女儿周婷说："在大山子北里 37 号楼我家的老房子里，记得李一丁、张放、姜东升、裴博、赵鸿等，他们常来常往，给我的童年带来很多美好的记忆。周末老爸带学生们去实验室，偶尔也带着我，我记得他们每人就一块面包，整整扛一天，又忙又累，头昏脑涨，就在水池用肥皂洗洗头清醒清醒，很晚了才离开。他们都到我家蹭饭，家里做什么他们吃什么。有一次，我妈为他们包了饺子，他们竟然吃了上百个，好大的胃口，当时我都惊呆了！"

春雨润无声，点滴总关情。

有一次，周寿桓生病住院，学生们纷纷赶来探望，大家轮流陪护，体贴细微，情同父子。有人问"学生怎么对你这么好？"他平静地回答："这有什么？你怎么对待学生，学生就怎么对待你。"

一日为师，终身为父。提起恩师周寿桓，赵鸿感慨万千："我这辈子遇上周老师，是我最大的福分和幸运。跟随周老师至今，从他身上感受到的东西太多太多了，他无时无刻不在言传身教，潜移默化，影响、引导、鞭策着我。他的家国情怀、民族担当，他的学术思想、精神境界，他坦荡正直的做人准则，执着不懈的事业追求，良师益友般的为师之道……总之，再怎么评价他称赞他都不为过。"

　　提起学生在他家吃他做的担担面，周寿桓笑了。他说："我的担担面做得挺好的。我对学生从来不要心眼，我也反感跟我要心眼的，有什么话我们就直接说，坦诚交流，没有什么解不开的心结！"

　　周寿桓一生恪守尊师重教传统观念，选拔培养学生十分注重道德品质。他一生坦坦荡荡，走得端行得正，自然也要求学生首先要诚实，要堂堂正正地做人，这是做人的起码的原则和底线。

　　一次，他的一个学生要报一个头衔，拿着东西找他签字。他仔细一看，发现不对，有的试验是别人做的。他义正词严地指出来说："这个不是你做的试验，是别人做的，这算剽窃别人的成果，这不行！"周寿桓是最后一个签字，签完就要上报。那学生说："周老师，您签完字，回去我马上改，改了再上报"。周寿桓相信他，就签了。结果，在评审会上时，他看到那个学生的资料并没有改。"我一看很伤心！我是评委，又是他的老师，我要说出真实情况，他可能很长时间抬不起头来。我若不提这事，内心有愧。我当时有多为难！想来想去，什么也没说，可以不说话，要说话就必须是真话。我没有说他，上会的也有比他强的，他没有评上。"诚实是做人之本，科研来不得半点虚假，切忌投机取巧。这个学生后来调走了。

　　周寿桓桃李满天下，在学生去留问题上，一向持开放心态。在研究机构当导师，当然希望拔尖人才能留在身边。但是，有的学生想去外单位或者国外发展，他也表示理解。"不能让学生都按照我的想法去做。有几个学生想去美国，我劝他们在国内发展，可他们坚持要去，最后还是我帮忙给联系国外的院校。"

　　有的学生要走，还要过所里这一关。周寿桓对领导说："让他们去吧。就算去了别的地方，他们还是会想着培养他们的单位、培养他们的祖国。"

在现行科技体制下，科研机构相互之间竞争无可非议，但是拆墙脚挖人才，不能不算现行体制衍生的一大弊端。周寿桓名师育英才，固体激光技术领域众所周知，颇具声望。他培养的优秀学生分外引人注目，赵鸿就曾有人想以高薪挖走，但是他说："我是周老师培养的，我不能背叛周老师；11所是我事业人生的起跑点，我咋能偏离跑道离11所而去？"

个别学生想走，只要实话实说，周寿桓一般都开绿灯。凡是学生需要周老师帮助，他都尽自己最大的努力，去帮助他们实现目标。他说："学生需要什么，我都拼命努力去办，但是如果欺骗我，我就很不高兴，我最生气的就是有人欺骗我。"

德国著名心理学家和教育家雅斯贝尔斯说："教育意味着一棵树摇动另一棵树，一朵云推动另一朵云，一个灵魂唤醒另一灵魂。"是的，教育是教人、化人。化人者，也为人所化。

一棵小树，沐浴着智慧的阳光，在知识的土壤里，茁壮成长。师生情谊比海深，学子感恩情更真。师生情同如父子，千秋功德入史册。

第六章　家国情怀

母亲生于 1911 年 6 月 8 日，卒于 1980 年 1 月 10 日，享年 68 岁零 7 个月。1977 年，66 岁的母亲主动来北京帮我照看两个孩子（一个 7 岁上小学，一个还未满月）和瘫痪在床的岳母。1979 年，母亲带两个孩子回成都，到家就卧床不起，仅仅三个月就去世了。母亲为我耗尽了生命最后的全部精力！

母亲在北京吃了多少苦？这是我心中永远的痛！我能向谁忏悔？愿我能在另一个世界尽奉孝道！

——周寿桓

故乡路迢迢

远方的家，不了的情。

空闲时间，周寿桓总会想念成都正通顺街 105 号，想念那个童年的院落，那个自由的天空，还有温馨幸福的大家庭。

他怀念庭院天井里暖暖香香的阳光，怀念黄角兰树上晶莹剔透的露珠，怀念悠远清香的桂树，怀念庭院上空的湛蓝天空。

"少小离家老大回，乡音无改鬓毛衰。"唐代诗人贺知章的乡愁名句，不失为他晚年返乡某种心境的写照，但却难以包容他内心深处更多的记忆和忏悔。

"父母在，不远游，游必有方。"辩证地理解孔圣人所言，既强调子女应在身边奉养孝顺健在的父母，又不反对一个人在有了正当明确的目标时外出奋斗。如此说来，周寿桓属于后者。

他童年受母亲影响最大。从 1960 年赴京途中与母亲在成都火车站见面算起，到 1977 年春节前回家探亲，他与母亲一别十七年，与老家阔别十八载。

十七年也好，十八载也罢，常人眼里不可思议，难以理解。殊不知，"修身、齐家、治国、平天下"，这中华民族的传统观念，往往把个人追求与社会目标合二而一；再者，由个人而家庭，由家庭而社会，由社会而国家，由国家而天下，正是中国人特有的社会价值逻辑。

他不是不爱家，而是他心中有大爱；他不是不想念母亲，而是他心中装着家国情怀！所以他只好舍家为国，忍辱负重，只为蓄势待发。

1989年，三哥周寿樟和三嫂曾霓裳来北京

他怎能忘记，家事如麻最艰难时，母亲为帮扶自己赶到北京，为他照顾年幼的两个孩子和瘫痪在床的岳母，为他献出了一位平凡而伟大母亲最后的暖和爱。

他怎能忘记，1979 年 9 月 27 日，母亲带着女儿周婷和儿子周翊，随弟弟寿樑离开北京。他送他们上火车挥手告别，却没想到这是他母子俩永远的诀别，留给他的是撕心裂肺的憾与痛！

也许他至今都不知道，在北京最后几个月，母亲身体每况愈下，几乎强撑着熬过来的。

也许他至今都不知道，母亲离开北京回成都的心情是极度矛盾的。一方面，她想给儿子减轻一点家庭负担，同时也让儿子一家在一起共享天伦之乐；另一方面，她又想早点回成都，因为她知道自己的时间不多了，她想把自己的尸骨留在故乡。她在正通顺街 105 号度过了几乎自己的一生，她熟悉、喜欢那里的一草一木。

弟弟周寿樑回忆说："母亲在北京那两年，我经常找机会去北京，只要有北京的差事我都去。1979 年 8 月，母亲跟我说她不行了，想要回成都，还说要尽快，她怕自己死在外地。一个月后，我去北京把母亲接回来，那天是 1979 年 9 月 27 日。为了不拖累四哥的工作，母亲带着侄儿和侄女跟我一起回成都。母亲回成都下火车后，就只能由儿女们搀扶着走出车站，到家后只能卧（或坐）在床上了。饭吃得很少，精力也差了很多，糖尿病并发症导致身体器官衰竭，三个月零十一天后，于 1980 年 1 月 10 日，母亲与世长辞。"

周寿桓有所不知，母亲病重的时候，弟弟周寿樑一直守在身边。他对母亲讲："我和三哥商量好了，到时候不要通知二哥、四哥了，咱们成都还有七个儿女，都守着您，陪着您，您放心。"周寿樑还说，"母亲很早以前就说'我去世的时候，你们不要大呼小叫，那样会吓着我。只要摸着我的心脏，让我平平静静地走，你们守在身边就行了'。母亲到最后时刻已经不能讲话。医生说她不行了，身体衰竭了……我守在母亲面前，照她老人家说的，抚摸着母亲的心脏，就这样，母亲平静地去世了……大哥（周寿桓）电话里说他厂子忙，没来得及赶回来见母亲最后一面，母亲走后，大哥守灵三天三夜。我也给大哥讲了我和三哥的意见，不通知二哥和四哥了。我跟三哥在机关单位工作多年，外面的情况都清楚，有时候就是脱不开身。我常去北京，了解他们不是一般的忙，特别是四哥，忙得要命。你说了让他很为难，拼死拼活地回来一趟，肯定耽误工作，再说晚上也没地方待，咱们兄弟姐妹就帮他尽孝道。我们送走了母亲，这才给二哥、四哥说，他们听了，悲痛不已，电话里都泣不成声。"

　　自古忠孝难两全。母亲弥留之际，未能守在床前；母亲撒手西去，没有送上一程。无论搁谁，都是一辈子的后悔与自责。何况，周寿桓与母亲一别十七年，十七年的亏欠不安！更何况，风烛残年的老人家，生命中最后一丝光亮，照给了他和他的小家，而且又那么突然分别，噩耗传来心欲碎，他归心似箭，无奈事非人愿，他的一项重要科研项目正在做外场试验。过了三个多月，他赶回成都，在母亲灵前长跪不起，痛哭一场。后来，带着母亲和兄弟姐妹曾经照料了三年多的儿子、女儿，返回北京，这一走，又是十七年！

　　他不是不想家，而是他所做的事，比家更重要，比家更宝贵，比家更伟大！

　　1980—1997年，正是他奋力拼搏、成就事业的重要时期。父

2007 年，周寿桓与弟弟周寿樑在成都

亲 1988 年过世，他同样是事后得知，只好把哀悼之情压在心底。

周寿樑回忆说："四哥一心想兄弟姊妹团聚一下，却总是忙得回不来，直到 1997 年才回来了一次。我记得很清楚，1995 年说回来没回来；1996 年说回来也没回来，这一年大姐也过世了；1997 年又说要回来，我告诉他，去年你没回来，咱们少了大姐，九个人现在成了八个，已经凑不齐了。1997 年再不回来，万一再有个什么三长两短的，更遗憾了。"

在回家与工作之间的徘徊，是周寿桓价值的选择，无私的较量，利弊的权衡，是他赤胆忠心，忠诚于事业的表现！

周寿樑回忆说："1997 年，二哥、四哥都回来了。四哥来到父母坟前，他满怀虔诚，上香叩头，饱含愧疚，伤心哭诉，对不起母亲养育之恩，没有尽到孝道。"

此情此景，声嘶力竭，感天地，泣鬼神！

坟头草木青，哀思情依依。打那以后，周寿桓只要回成都，都去父母墓地，陪母亲说说话。2006 年，他成为四川大学讲习教授，从此后几乎每年回来，每次都让弟弟陪他去坟上看看母亲。最近的一次是 2014 年，弟弟劝他说："四哥，在家里看看照片，怀念一下，兄弟姊妹讲一讲老母亲的好处，就行了。你也都七八十岁了，再到坟地上去，如果不小心跌一跤，老母亲也不高兴啊。"他不同意，商量了半天还是坚持去了，陪母亲好一阵诉说啊。

是年，周寿桓 78 岁。

他知道，不管他多大，在母亲面前总归是孩子。他想在母亲坟前陪母亲说说话，回忆过去与母亲在一起温暖的日子，回忆母亲带领一大堆孩子如何艰难度日，回忆母亲是如何教导孩子们要有骨气、要努力学习。至今，母亲的话还在耳边回响。

人生没有回头路，世上也没有后悔药。他感受尤深，常以自己为例告诫学生要好好孝敬父母亲，别留下遗憾："现在抓紧多孝敬、多关心，千万别像我！'文化大革命'期间，我们十几年不涨工资，我和妻子每月工资加起来不到 100 元，我每月给母亲寄 10 元。我记得那一次回成都，父母亲都在，大概还是比较困难吧，成都很多东西还在凭票供应。所以肉、点心，拎了一大包，全是吃的。那时我钱也不多，反正省吃俭用，回家聊表孝心。那时一没钱，二没时间，没有好好孝敬父母。现在，只有追悔莫及的遗憾了。"

亲人们的担当

史书万卷，字里行间都是"家""国"二字；华夏长河，说不完、道不尽的，也是家国情怀。但凡成大业者，必有超乎常人的割舍。周寿桓舍家为国，他的亲人无论在远方还是在身边，同样都有一种割舍、一种理解、一种担当。

他是九兄弟姐妹中唯一上大学的。弟弟周寿樏在他影响下刻苦好学，后来带职考入四川化工学院，从四川省石化厅处长岗位上退休。

二哥周寿械首批入朝参战，最后一批回国，一直就职总参，恢复军衔制后被授予大校军衔，退休后被军委返聘，72 岁才脱离工作岗位，是一位典型的职业军人。

三哥周寿樟西南革命大学毕业，又上了公安学校，在阿坝地区政法部门干了 20 年，因孩子患高原病调回成都，在四川省农业厅下属单位工作，从处级领导岗位上离休，2015 年病逝。

排行老四的周寿桓致力激光事业，2003 年当选为中国工程院院士；他与二哥周寿械兄弟俩一武一文，献身国防事业，为国尽忠。从一开始就是周家的荣耀、母亲的自豪。

周家子女们从小受传统文化熏陶，"为国尽忠，即行孝道"的儒家思想根深蒂固。他父母一直跟着弟弟周寿樑。九兄弟姐妹中，唯大哥周寿枂家生活最困难，大姐周寿莊命运最坎坷。侍奉孝敬父母、关照长兄姐妹、给妹妹办理婚嫁、为二老送终……大大小小的事情全靠三哥周寿樟和弟弟周寿樑操持。难得成都这哥俩深明大义，替北京那哥俩分忧排难，多有担当，助他们建功立业，报效国家。周寿樑对四哥他最为亲近，打小就以四哥为榜样，后来多有走动，弟弟了解四哥的工作处境，理解他的事业追求。周寿樑说："四哥的情况只有我知道得多，他从事尖端技术研发，研究所是保密单位，他的事我从来不对人讲，连他的电话号码和通信地址我都没告诉别人。我知道他事业上很专心，不愿意让他分心，家里事情从不给他讲，比如说父母生病住医院等情况。我总说一切很好，让四哥安心工作。"

这一家人：老三、老五支撑着成都一大家，北京的老二、老四十分感激，很是过意不去。父母过世后，老二、老四异口同声：这么几十年，就老三和老五你们两个人照管家里，啥事都不告诉我们，你们就顶过去了。从现在起，不要你们花一分钱，有什么事我们老二、老四来承担。老四干脆说：有什么事我一个人来承担。周寿樑说："四哥说到做到，一直寄钱资助姐姐。"

周寿桓对家族中的变故知之甚少，一方面由于自己早年离家，另一方面也由于家人的关照。

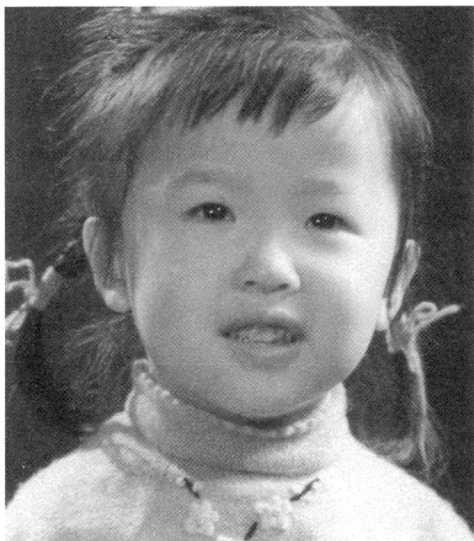

女儿周婷

　　"文化大革命"中，大哥曾是国民党员的问题被"揭发"出来，二哥、三哥都如实向组织报告了，周寿桓却始终不知；1957年，大姐夫在青海被打成了"右派"关押劳教，家人也对他只字未提，生怕他被牵连受影响。在家亏得有弟弟周寿樑，那时他也才十二三岁，却早早担负起照顾年老的父母、叔伯的重任，为离家在外的哥哥、姐姐分忧。周寿樑顾及父母的念想，维系一脉亲情。他跟舅舅们的儿女多有来往照应，母亲为此十分欣慰。父亲晚年思亲心切，兄弟三人，老大周申甫，父亲周吉甫是老二，老三周卷甫。叔父周卷甫膝下无子女，去世后是大哥去料理的丧事。伯父周申甫晚年孑身独居，父亲与他多年未见失去了联系，周寿樑打听到伯父住在成都养老院，便前去探望，还安排父亲和伯父见面，了却老哥俩心愿。伯父于1994年离世，周寿樑披麻戴孝送伯父一程。

　　人到暮年，思乡怀旧。周寿桓不久前才得知：儿时目睹的欢迎解放军入城仪式的毛主席、朱总司令画像，原来是伯父周申甫所绘，十分惊喜，勾起当年诸多记忆。又听说弟弟安排父亲与伯父见面的事，感慨不已："我弟弟比我做得好！二哥、三哥也都比我做得好。我这辈子亏欠家里人太多了！"

20世纪80年代，岳母过世后，周寿桓一家搬到单位在大山子的房子住。妻子刘洪英在石景山上班，早出晚归，还要照顾上高中的儿子和上小学的女儿。刘洪英在首钢医院当医生，对周寿桓的工作从不过问。

周寿桓说自己无论对北京的"小家"，还是成都的"大家"，都怀有深深的愧疚："我对孩子们照顾得很少。工作比较忙，带他们去一趟公园都很难。女儿周婷小时候多病，但是只能给她弄点热水，把她一人留在家里。那时用的还是老式的热水瓶，上班的时候我老担心热水会烫到孩子，实在是不放心。好在孩子们都很懂事。我一直觉得对孩子有亏欠，对孩子从来不强迫他们非要怎么样，非要学什么、做什么。让他们觉得童年快乐是最重要的。可我对他们照顾得很少，带他们去一次公园都很难，所以和他们玩的照片难得有几张。"

亏欠孩子，这是周寿桓对孩子的真情表白。周寿桓把时间给了事业，把时间给了明天，把时间给了未来，唯独忘了孩子！

母亲，心中永远的愧疚

母亲在北京吃了太多的苦！

母亲从小生活在富裕的家里，受过极其良好的家庭教育，自由自在地念书、写字，姥爷姥姥非常疼爱。小时不愿缠脚怕疼。人说，女孩子一双大脚嫁不出去。姥爷就说，嫁不出去就不嫁，养活她一辈子！果然，母亲出嫁后三天就和父亲一起回到娘家，生儿育女。

周寿桓与二哥、三哥、弟弟在父母坟前

全家"吃饭不要钱",一直到1949年。

母亲说话总是轻声细语,与人为善,从不搬弄是非,受累受委屈了也从没对别人讲过。

周寿桓清楚记得,母亲一到北京就抱上刚出生仅十几天的小孙女、探望瘫痪躺在床的亲家母……她在北京住了两年五个月零二十二天。每天要带两个小孩,孙儿周翊7岁,上小学,中午要回家吃饭；孙女周婷还未满月，每两小时要喂奶（水）、换尿布；要喂亲家母喝水、吃饭；还要挤时间料理家务，帮助准备晚饭……特别是女儿开始学走路那几个月，怕她摔、怕她碰，母亲总是紧跟在后面一刻也不离开。

67 岁的老母亲，身体不好。来北京没有享一点福，还要受气、受那么多劳累！兄弟姐妹都尽可能来帮忙：弟弟怕母亲吃不惯北方的饭菜，每次出差或路过都要来看看，带来家乡的蔬菜和调料；三个妹妹轮流来北京，帮忙带孩子、做家务。他们都是心疼母亲啊！而我却没有尽孝道！看到年老体弱的老母亲默默地操劳，我心疼又毫无办法。唯一能做的是下班后急忙赶到家，尽可能帮忙做点家务，让母亲能稍微休息片刻。

现在我每年清明都尽可能要去给母亲和干婆婆上坟，心中的苦、心中的惭愧、心中的自责，难以言表！

弟弟寿樑的回忆：

母亲在北京最后几个月，身体每况愈下，完全是强撑着熬过来的。她想回成都的心情极度矛盾：她想给儿子减轻一点家庭负担，也与寿桓一家在一起多享天伦之乐。但她深知上天给她留下的时间不多了，想把自己的尸骨留在故乡……

母亲在北京带四哥两个小孩那两年，我经常去北京。差不多每年去四次五次或者更多，经常去看她。1979 年 8 月，母亲说她不行了，要回成都，尽快！她害怕死在外地。我说这次来不及了（卧铺票很难买，要提前，走后门），下次吧。一个月后，去北京开完会就把母亲接回成都。那是 1979 年 9 月

27 日！

为了不拖累四哥工作，母亲还带着侄儿和一个仅两岁的小侄女一起回成都。母亲一回到成都后就只能坐或躺在床上，不能下地了。饭吃得很少，精力也很差。是糖尿病并发症，全身器官功能衰竭，回家只待了三个多月，1980 年元月 10 日，母亲与世长辞，终年 68 岁。

时间都去哪儿了

周寿桓工作至今，每日早到晚走、加班加点，20 世纪 80 年代至今，从没有休过周末和节假日。这些，11 所的员工有目共睹。

时间都去哪儿了？

他心无旁骛，专注如一，精力全用在事业上，时间都花在工作上。年轻时养成阅读外文文献的习惯坚持至今，进入互联网时代，信息浩瀚如海，他老骥伏枥，志在千里，遨游其中，如饥似渴，学无止境。

他的时间，用在了布局激光事业的前沿阵地。

赵鸿曾惊叹："我看过的国外最新文献，周老师也都看过了，当下国际激光领域特别是固体激光方面的任何风吹草动，周老师皆了如指掌，这是真正的'活到老学到老'。"

周寿樑回忆说："每次千里迢迢见了四哥，说不了几句话，他就去忙他的事了，四哥对事业太专注了，叫人肃然起敬。四嫂也抱怨他疼孙子是三分钟热度，抱一抱，逗一逗，三分钟不到便撒手，心思回到自己的事情上去了。"用"爱岗敬业""无私奉献"之类的话评价他，显得有点分量不足，赵鸿一语道破真谛："周老师对工

153

作、对事业、对他相关的研究事业执着痴迷，简直到了走火入魔的境地。"

他多年养成了在单位阅读和思考的习惯，因此他的节假日几乎全是在办公室度过的。每年的春节联欢晚会，他只看过 2003 年的，大年初一基本上在单位。

11 所的所长何文忠亲切地称周寿桓为"我们院士"，他说："我们院士学风严谨，作风过硬，从来没有休息日。所里尊重院士的工作习惯，节假日必须保证院士用车。院士有专车，车是固定的，但是司机得轮换，比如春节放假，得安排三四个司机轮流为院士服务。"

科学家和实验室的关系就像鱼和水，这一点在他身上尤其明显。姜东升说："对周老师来说，家就是实验室，实验室就是家。所有节假日，他不是在办公室，就是在实验室。我印象深刻的是，当年他从美国做访问学者回来的第二天，就一头钻进实验室。他在国外一流的实验室待了三年，一回来就急着让自己的实验室与国际接轨，上个大台阶，很快就把国外的东西复原出来，并有所提高……他们这一代人有家国情怀，公而忘私，全心全意扑在事业上。如果哪天不让周老师工作，他肯定很难受。"

研究发明总是要走出实验室。

他一生中有很多时间是在基地、在陆海靶场度过的，一去就是好几个月。第一颗洲际导弹在国内的最后一次试验，周寿桓也去了，那时候基地保密相当严格，不能直接通信，也不能透露试验内容。他感慨道："那时'三线建设'，军工企业、科研单位大都在山沟里，现在都搬出来了。都是我们这个岁数的人，爬上爬下的，任劳任怨，真的像人们说的，献了青春献子孙，子女抱怨父辈待在山沟没出息，连累了后辈。每每听到这些，我很心酸。与那些钻山沟的'三线建设者'

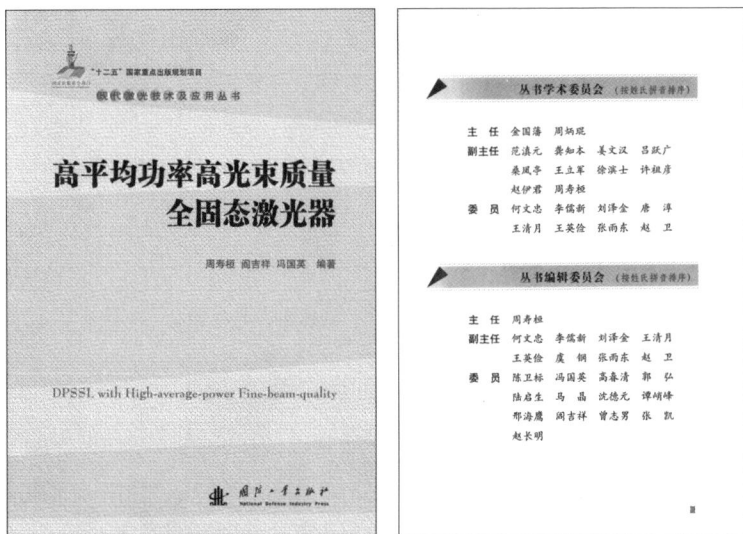

"现代激光技术及应用丛书"的封面（左）和编委会（右）

相比，我算幸运了，工作安家都在首都，起码子女受教育条件优越。我们这代人对国家讲忠诚、比贡献，从不计较个人得失。"他说这话时，底气十足，他无愧于那个时代，无愧于那一代人！

他的时间，都用在了他所从事的激光事业。

不光忙于科研与教学，还忙于著书立说，为国家现代激光科学奠基。他主编的"现代激光技术及应用丛书"是"十二五"国家重点出版规划项目。从规划到项目评价，再到确定作者，他竭力而为。该丛书共23册，每册30万～40万字。作为主编，周寿桓每一本书稿都要仔细审读，2016年最后的几个月里，出版任务完成在即，他审读的书稿至少有500万字之多，累得病了一场，还染上带状疱疹，疼痛难忍。就这样，审读书稿几乎没停过，直到如期完成出版任务。

他把自己的青春和精力，献给了事业，献给了亲爱的祖国。

心中的祖国

周寿桓对祖国极其忠诚。

"未有我之先,家国已在焉;没有我之后,家国仍永存。"他的家国情怀根深蒂固,幼时的他经历了抗日战争的战火后,就暗下决心要当发明家,保家卫国,维护世界和平。他想做一个光明的使者,做一个和平的使者!同许多从那个年代走过来的人一样,他的民族意识、国家意识,是伴随着国家的命运、前进的步伐而逐渐形成的;是与家庭个人命运唇齿相依的,只不过,他所从事的国防科技事业令这一切来得更为强烈、更加深刻。

在他看来,天下之本在于国,国之本在于家,家之本在于身。不管在什么样的情况下,祖国在他心中,事业在他手中,家国情怀深深扎根在他内心深处。他在废寝忘食的工作中,仿佛时刻感觉有一股温暖的泉水在心中涌动,在脑海里激荡,在他身后催人奋进!

那股无穷无尽的力量源泉,来自他钟情歌唱的祖国,来自黄河长江,来自塞北江南,来自大河上下、长城内外。

在他看来,要把个人的荣辱置之度外。一个人无论是"居庙堂之高",还是"处江湖之远",都要心系苍生,忧国忧民,即便身处逆境,也不要放弃理想,不放弃事业,这就是他一生所追求的操守,一生所向往的"大我"与"大爱"的情怀!

"多少沧桑付流水,常念家国在心怀"。河山在他的梦里,他不管走多远,永远是中国心!

1985—2006年,他前后10余次赴美国、加拿大、日本等国短期访问;1994—1996年,他以高级访问学者身份,赴美国纽约市立大学亨特学院访问研究,开展高功率二极管泵浦固体激光器及激光材料物理与技术研究。在那个年代，出国是许多人的梦想，有的人希望通过出国讲学、读书、打工等留在国外，而周寿桓从未有过这种想法。他在国内有科研团队，有自己的事业，有自己的价值观，有自己的人生追求。

美国纽约市立大学亨特学院始建于1870年，是美国纽约城市大学下属的一所公立学院。他以高级访问学者的身份，在那里踏踏实实做了近三年的研究工作，当时凭着他的能力，要想留在美国是很容易的一件事。但他不为所动，签证到期立即回国，就连美国的联邦调查局也曾怀疑过他的动机。

他说："每一次给我的签证都没有限定期限，但我从不多逗留。虽然在美国，但仍想着在祖国的科研团队、我的学生、我的家人、我的事业。那时，我只希望我的国家能建设得与美国一样好，人民生活能像美国人民一样富裕……有一年，正是前五年计划的项目该结题，同时还要申报下一个五年计划项目。于是，我在美国请假三个月，回国搞验收和鉴定，写论证和申报材料。美国的老板是科学家，学术水平很高，为人善良、正派，对我也非常信任、关心。他当然希望我留下继续合作，同时也有不少人劝我留下。可我放不下在北京的团队。多少有点儿'人在曹营心在汉'的味道。我说'你到朋友家去做客，别人盛情款待、很友善，也真心诚意挽留，难道你就在别人家里长期住下去？我在北京有团队，有感兴趣的研究项目。有的人更适合到美国发展，不存在哪个人的选择好，哪个人的选择不好，更没有'爱国'与'不爱国'的区别，不能以'爱不爱国'说长论短，真的是'萝卜白菜，各有所爱'！"说完，他笑了起来，那是一种释怀的微笑、一种善意的微笑、一种宽敞而大度的微笑。

他记忆中的第一抹微笑，是在他考上重庆钢铁工业学校，那是他第一次离开家走向社会，内心忐忑不安又激动不已。所以，那微笑，永远定格在他的青春岁月里。那微笑，仿若一缕阳光，珍藏在记忆的箱箧里，烙刻在内心深处。那微笑，给了他无限的温暖，给了他学习的力量。

第七章 民族脊梁

中专时无意间读到苏联人柯尔尼洛夫写的《意志与性格的培养》，书中对我影响最大的论点是：坚强的意志可以在日常生活中培养出来。我从小特别爱睡懒觉，每个假日总要睡得全身酸痛，实在难受才起床。为了改掉这个毛病，我按书上的说法：预定一个目标，然后"坚持下去"。

——周寿桓

中医情结

周寿桓是一个尊重传统文化的人。

一个偶然的机会，周寿桓与中医结识，而且"一见钟情"，被中医的神奇深深吸引。周寿桓一向推崇中华民族的传统文化，不局限于家国精神和道德规范。

我经历的几件事，让我对中医有特别的好感。儿时患脑膜炎被中药救了，这是后来听大人讲的，还有三件事却是亲眼所见。

第一件是念初中时一个老中医治枪伤的事。三哥周寿樟有个侦察兵战友剿匪时负伤，子弹射出一粒很小的铁屑打到了小腿的骨缝里。X光片看到有个小亮点，可这铁屑实在是太小了，做手术切开时怎么都找不到。三哥的战友的腿一到阴天下雨，就酸痛难忍。三哥介绍他来成都找中医治疗，就住在我们家。第一次诊治，那位中医问过受伤的细节后，在患处贴了张膏药。过一个礼拜，揭开膏药处的肉烂了，用一根银针在患处戳，然后又给他贴了一张膏药。再一个礼拜后，把膏药揭开，发现表面贴着一个极小的铁屑，过了一段时间，伤口果然长好了。

第二件是中医正骨的事。中专时的学友唐真杰打垒球时小腿摔伤骨折，拆掉石膏后发现他走路有点不对劲，原来是断骨处没有完全对准。虽然只差了很少一点点，但走路有点瘸。体育老师推荐去看中医骨科。中医摸着唐真杰的小腿骨，找到断骨处对接的地方，用手使劲一敲。然后就用手摸着骨头对接，垫一块竹片用纱布缠好。当时大家还很担心，后来完全好了，走路正常了，大家也彻底服了。

第三件就是发生在我自己身上的亲身经历。大约 1972 年，有一次我在一个小冰坡上滑了一下，后来走路时就觉得脚痛，去医院拍了 X 光片，大夫看了说没事。我就自己忍着，后来越来越疼了。别人说北京有个老太太，看骨科很厉害，我抱着试一试的态度去了。看病的地方是一个小院子，简陋陈旧。老太太问哪里不好？我答滑了一下，没摔倒，大拇脚趾痛。她手摸了一下说骨折了。我有点不相信，怎么会骨折呢？医院已经拍片子了，不是骨折。她说你再拍个片看看吧。在单位医院拍的是一张大 X 光片，正面拍的一整只脚。她是从侧面拍，就拍脚拇指一点，最多一寸，小小的一张，但很清楚地看到有根很小、很细、翘起来的刺。我很佩服她，请她给予医治。她说你们有医院回去治吧。我连忙说对不起！对不起！我刚才说话不对，我是专门来请您看病的。然后她给我看了，她就拿手摸着，轻轻揉。揉了两三次，就把骨刺揉到原来的缝里。她说已经好了，以后不用来看了，可以正常上班，但挤公交时要注意不要被别人踩了。又说你要想感觉完全好，得过一百天。从她那儿出来，果然走路不痛，但总有点别扭。一百天后，突然"嘎"一响，彻底好了！

他说他对中医是很佩服的，觉得中医很伟大。他认为，中医从整体上、系统上调理体质，抓住了根本。他自己患有糖尿病，平时也找中医看。1956 年拍摄的电影《李时珍》，他印象特别深。赵丹主演的李时珍那句"逆水行舟，不进则退"，正是他奋斗一生的座右铭。他认为，李时珍倾其一生修《本草纲目》，就是最早在做中药材的规范化。他忧虑现在庸医太多，把中医名声败坏了。他觉得不是中医不好，与西医相比，中医缺的是规范化和标准化，以及对药材成分的严格分析和提纯。"西医好比麦当劳，在哪儿吃味道都一样。中医就好比中餐，做同样的菜，一百家起码有九十家味道不一样。盐少许、油适量……究竟多少是'少许'、多少是'适量'？全靠厨师自己把握。"

　　中医不是机械地孤立地看待人患的"病"，而是把"病人"看作一个整体，把"病"作为人体在一定内外因素作用下、在一定时间的失衡状态。治疗上既要祛邪又要扶正，强调机体正气的作用，通过调整机体功能状态达到治疗疾病的目的。治疗过程中对同一个病人，用药也往往有些差异。而且，学中医还要讲"缘分"、讲"悟性"，不是每个努力学的人都能"妙手回春"。有人说西医是"技术"，中医是"艺术"，我比较赞成。艺术作品能批量生产吗？难以理解中医治病时用"万人一锅汤"！

他深信，中医未来前途无量！

忧患意识

　　2015 年 9 月 3 日，纪念中国人民抗日战争暨世界反法西斯战争胜利 70 周年大会在北京天安门广场隆重举行。

　　他受邀参加大会，这是他第二次登上天安门观礼台。第一次是在 2009 年 10 月 1 日庆祝中华人民共和国成立 60 周年时，他作为军工领域有突出贡献的科学家、工程院院士，受邀观礼。

2009 年 10 月 1 日，周寿桓在天安门广场

从 1961 年首次到天安门广场参加游行，到 2019 年登上天安门观礼台，弹指间，热血男儿已过古稀之年，随着时间愈加浓烈见长的是家国情怀、民族气节！

在天安门见证祖国强盛与民族复兴，此情此景，他回忆起自己一生中那些与国家命运息息相关的情景，他满怀深情地说："反法西斯战争胜利 70 周年大会，我深有感触，我深感个人命运与国家命运是密切相连、难以分割的……我这辈子，没能成为百分之百的'布尔什维克'，却应该算是一个爱国者，也算是具备了一个中国人应该具备的民族意识。我想，我应该是够格的！"

他说，所谓的民族意识，就是对本民族历史、文化、习俗和民族心理的认同。他对中国传统文化十分熟悉，传统文化中推崇的孝道的本分、谦让的美德、善良的本性、节俭的习惯等，他无不以身践行，知行合一，言传身教。忧患意识既是对国家、民族、群体、人类前途命运的担忧，更是对真理、正义、人道、人性不张的担忧。

"天下兴亡，匹夫有责""先天下之忧而忧，后天下之乐而乐"，忧患意识是儒家入世思想的重要内核，也是中华民族传统的精神美德。他受出身环境影响，深得传统文化真谛；又经历过国破家亡，民族记忆尤深，忧患意识潜移默化，根深蒂固。

他说，现代中国知识分子的忧患意识，往往具有全球思维，着眼未来，居安思危，将社会、国家、人民的前途命运萦系于心。

他正是以此为动力献身国防军工事业的。面对当今社会上种种污垢乱象，他更是心怀忧患，深刻反思，别有见解。

有人说改革开放带坏了社会风气，他不以为然，说："改革开放没有错，是'文化大革命'把社会根基搞坏了，把信仰搞没了，断了我们民族的精神文化的根！"

他信奉"天、地、君、亲、师"，他说"天、地"代表大自然，代表对崇高自然的敬畏。

头上三尺有天，人不能作恶，人在做，天在看；对父母不讲孝道，大逆不道，要遭天谴。现在一些做儿女的竟然不赡养父母，还要到法庭上解决。还有老师，从前可是供起来要拜的。我小时候哪敢对老师发脾气？老师说话，学生要规规矩矩地站着听，即使再调皮的孩子，也不敢跟老师顶嘴！可"文化大革命"时期，红卫兵一上去就把老师抓来批斗。古人讲"君子爱财，取之有道"，可现在人为了钱不择手段，什么假都敢造，包括医药食品，什么都敢出卖，包括人格和灵魂。从前的农民是勤恳、老实、忠厚，现在有人敢拿土豆包着泥当皮蛋卖。农民工辛苦一年，讨薪没人管，有的只能以死相拼。老板欠薪赖账，还大打出手，甚至卷款跑路。大家相互骗，骗来骗去，最后是自尝苦果。

他数落当今社会道德沦丧、欺蒙拐骗、弄虚作假、风气败坏等现象，流露出"长此以往，国将不国"的忧虑。

君子爱财，取之有道。君子指人格高尚的人，这"道"是仁义之道。可现在好多人就没有这个概念，没有这个意识。"文化大革命"把几千年来传承下来的维系道德行为规范、维护社会正义公平的根基毁坏了。改革开放初期，一切向钱看，欲望像决堤的口子，泛滥成灾！

"文化大革命"最大的后果是人们没了信仰，这是个根本性的破坏。国人没有信仰，这是最大的悲哀！信仰共产主义行，信仰宗教也行。信佛的人慈悲为怀，多做善事；信上帝的人要祈祷，要在上帝面前忏悔。可是，现在一些人什么都不信，什么坏事都敢干！

学生就应该好好读书，对"红卫兵"造反闹革命很反感。仔细琢磨，一有风吹草动蹦最高出风头的，多半不是学习好的学生。学生的本质是在学校好好念书。没有知识、没有教养、没有品德的人，即便当了官掌了权，也没能力管好。当年"文化大革命"造反的那些头头，优秀的不多，糟糕的不少。看来还是"学而优则仕"比"闹而优则仕"好。

从他的慷慨陈词，可见他忧国忧民之心真切；从他的思考与分析，看出他不是"两耳不闻窗外事，一心只读圣贤书"的"迂夫子"，他关心时事，关心国家，关心民生，关心这个国家的今天、明天与未来。

关注反腐

他质疑和厌倦反复无常的政治运动，不过这不等于他不关心国家和民族命运。

也许这是另类的"爱之深，责之切"。他一方面赞赏改革开放的巨大成功，一方面谴责形形色色的腐败现象，尤其是眼皮底下的不良风气，简直难以容忍。

他反对铺张浪费，大吃大喝，但有时也很为难："对我的学生不好明说，我只说'你们看的文献比我还少，那不行啊。来了人请客吃饭，喝得醉醺醺的，晚上回家怎么看书？'现在要课题，大都要请吃饭喝酒，我不去参加。去了他们反而不自在了，我就提前离开。"

关于申请科研课题，他直言不讳："科研项目剽窃的情况时有发生。有的人自己'腹中空虚'，评审时把别人提出的方案否定了，过不久（或换一个部门）他去申请并成功拿到项目。有的人用虚假的手段忽悠国家，把钱骗到手却什么都做不成，领导拿他们也没办法。有不少项目'忽悠'上去了，最后水平不高，还要报奖。有时请我参加评审，遇到这种情况我索性回避，去了说出真话他们不高兴。再说了，这个世道没有完全的真空，你得罪人，虽然他拿你没办法，但可以整你团队的人。所以，我尽量回避，不想连累团队。"

他对腐败深恶痛绝。他说，小平同志当初肯定看到腐败是个大问题了。不反腐，肯定要完蛋！反腐才是唯一的选择，党先要管党，要管好党的干部。

在美国的感受

患糖尿病前，周寿桓常去美国。那里城市繁华，经济发达，是许多人梦寐以求的地方。

周寿桓刚去美国，觉得美国是个民主、自由、平等、博爱的国家，连乞丐都活得自由自在，理直气壮。他举了个这样的例子：

在纽约坐长途汽车时，那车站漂亮得像宫殿一样，宽敞明亮，是私人财产捐赠了用作公共设施。这样的长途汽车站里，竟然常常有乞丐要钱，让人觉得与这个环境不匹配。在美国，乞丐不是穷得没饭吃，他讨钱是为买酒买烟，乞丐每月领取 600 美元救济金，生活是有保障的。那为什么不禁止乞丐呢？在国内，我们禁止乞丐，就是轰、治、管嘛。据说，纽约市政府曾经想禁止乞丐，马上就有律师出来帮助乞丐们告政府侵犯人权。因为乞丐向人要钱，是在诉说自己的痛苦，是言论自由，政府无权禁止。结果法院判政府输了。政府又想了个办法，因为这栋建筑是私人的，私人财产神圣不可侵犯，可以不让乞丐进来。律师辩护说，私人的财产已捐赠作为公共设施了。公共场所乞丐有权进入，结果政府又没打赢这个官司。

他在美国多次目睹游行，颇有感触。美国游行自由，只要申请，就不能不批准，一个人申请也要批准。

他曾经在梅西百货门前见过只有一个人的游行。

那个人感觉自己的工资不公平，申请游行。警察在梅西百货门前划块地方，大约一米宽、两米长，那人举牌子在那一点范围内来回走。若走出界限，警察会抓他。规定时间到了他不离开，警察也会干涉。

有一次遇到地铁涨价，大约就涨一毛五，美国人民简直闹翻天了。一边是地铁公司说政府不给补贴，地铁公司无法维持下去，职工待遇不好工作不积极，涨价可以提高服务质量。地铁公司要求政府增加对公共事业的拨款，所以希望大家一起去游行。另一边是政府侃侃有词，说地铁员工的工资比我还高，他们也不听我的；他们涨价就是想多要公众的钱，希望你们游行反对他们。

有一次是大学要涨学费，涨得也不多，但学生不同意，就要游行。学校给他们安排了个专供游行用的办公室。学校认为不是学校要涨，是州政府要减少拨款。我觉得很有趣，在一边看热闹。美国无所谓，要游行只管游，最后或稍有让步。

美国标榜新闻自由，报纸上经常看到有人骂政府骂官员。后来，我看多了，见怪不怪。我发现，美国的民主只体现在一些小的不碍事的地方。而大的核心的东西，美国还是国家利益高于一切。比如伊拉克战争之初，各种舆论制造了极其紧张的气氛，仿佛不同意打伊拉克就是不爱国。就像我们"文化大革命"，不敢说真话，有反对意见的教授噤若寒蝉，我是深有体会的。有人悄悄给我讲，打伊拉克时他们不敢讲话，压力很大。后来报上看到，国会有一个议员反对伊拉克战争，他上台发言，其他议员都退场了，他一人对着空荡荡大厅讲。美国说伊拉克有大规模杀伤性武器，伊拉克说没有，美国非说有，因此要收拾伊拉克。战争结束了，在伊拉克境内并没找到大规模杀伤性武器，只找到了化学毒气，还是美国制造，是美国早前给伊拉克对付伊朗的。而朝鲜多次宣称拥有核武器，还威胁要对美国进行物理打击，甚至制作了核攻击华盛顿的宣传片，可美国偏说朝鲜没有。为什么？因为美国要打朝鲜，顾忌的东西多、风险大，又没有什么好处，还会引起不少麻烦。打伊拉克就不一样了，伊拉克有石油！不是因为什么正义不正义，没那回事。

......

学生以为我给他们灌输爱国主义思想，其实不是。美国不会放过任何机会整别人，只要你威胁到它，即便是盟友也绝不会手软。日本曾经出现过经济要超过美国的迹象，美国就把它整得十几年翻不过身来。苏联解体前，美国答应给贷款，解体后根本就没给。自从苏联解体后，美国就肆意干涉其他国家，在全球耀武扬威！美国发动朝鲜战争，有中国人民志愿军参战，美国没打赢；越南战争，也有中苏相助，它也没打赢。越战结束后，美国有不少检讨的声音，还建了纪念碑之类。因为没打赢，所以要检讨。伊拉克打赢了，虽然死了那么多人，仍然拼命宣传美国多么正义、伟大，它怎么不检讨啊？而且美国报纸一片舆论打伊拉克，看不到反对的文章，电视里听不到反对的声音。"阿拉伯之春"搞乱了多少国家？最近的大规模难民潮，哪一个始作俑者不是美国？它倒躲得远远的，让欧洲去承受接收或不接收难民的道义审判。其实，美国人早就说过了：国家之间只有利益，没有友谊。只不过我们有的人一厢情愿罢了，即使是傻瓜领导人也不会傻到只顾别国不顾自己的国家吧！

他直言不讳："有人说我们政府官员办事效率低，我在美国遇到一些情况，发现美国政府官员办事效率更低。其实，政府的办事的效率与他们的社会制度没太大的关系，只要是'大锅饭'都一样。美国政府雇员就是吃'大锅饭'的，办事效率很低，遇事一拖再拖，没完没了地拖。美国也一样有官僚主义，政治家、官员公开撒谎。总统选举承诺的东西，当选后没几个实现了的。当时为了讨好百姓拿选票，过后当选了就'当家才知柴米贵'了。鲁迅说过，没有不撒谎的政治家。"

他对美国见闻有感而发，率直中肯。重要的是，美国在他心目中就像一面镜子，让他加深了对自己的国家、民族和文化的认识。作为科学家，出于善良的本性，他有美好期许：中美两国相互尊

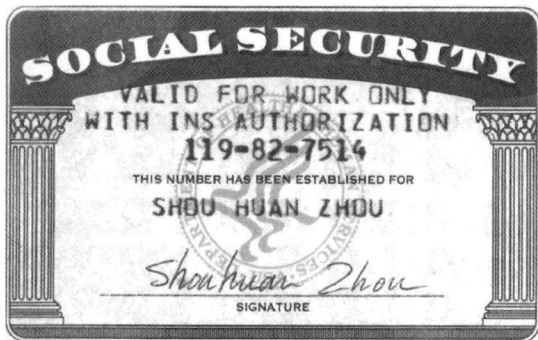
1994 年，周寿桓获得美国社安卡

重，相互交流，合作共赢。他说："为什么不呢？当年我在美国还给他们国防部做研究课题。"然而，面对今天的现实，他说："从前要居安思危，现在是居危思安了！"

他是一个有情怀的科学家，他懂科学规律，钟情于激光事业；他不懂政治，但视国家的利益高于一切。

他是一个有内涵的思想家，他思考人生，思考事业，思考项目，思考课题，思考成果，思考梦想。

杖朝之年

周寿桓的出生日期是 1936 年 8 月 27 日，而身份证上却是 1937

年 4 月 3 日。这是因为，在办理身份证时，派出所民警到各家询问个人信息，当时他在外地出差，家里人不记得他出生的准确日期，民警就随意填了一个。后来办护照时才发现，重新改过来太麻烦，便作罢。

2016 年，他已年满八十岁，古称"杖朝之年"，意思是年过八十岁，就可以撑着拐杖入朝了。不难想象，古时候杖朝之年行走于朝堂的，非重臣国士莫属。2003 年，周寿桓当选中国工程院院士，那年他已 66 岁。事实是，他对退休没概念，也没规划。荣膺院士桂冠，事业一如既往。盛名之下，头衔甚多，责任亦更重。

在所里，他是研究员、博士生导师，还是固体激光技术国家级重点实验室学术委员会主任委员。在国内，他为全国光辐射安全和激光设备标准化技术委员会名誉主任委员、中国电子学会常务理事、量子电子学与光电子学分会名誉主任委员、国际 IEEE 高级会员、《激光与红外》杂志主编、《中国激光》杂志副主编。

向上看，他兼任国家重点实验室学术委员会主任委员，国防科技创新团队（首批）学术带头人，"863"计划重大项目监理专家组成员，国家安全重大基础研究项目、国家自然科学基金重大项目和"985"工程项目首席科学家。

显而易见，今天 11 所的固体激光技术国家级重点实验室与他当年的实验室一脉相承。今天 11 所的国家重点实验室和国防科技创新团队，差不多都是他一手培养、打磨，"传帮带"出来的。他非常重视实验记录及实验数据的整理、分析、归纳和总结。他想到做到的，要求学生必须做到，一丝不苟，精益求精。他的团队至今仍然保持着最为规范的实验记录，十几年前的实验记录有据可查，对现在的工作仍然起着指导、借鉴作用。他的学生，经过长期的系统的培训和锻炼，基础知识扎实，专业技能熟练；许多人在他的指导下，已成为单位的中层领导和专业技术骨干，在各自的工作岗位上贡献力量。

目前，在他领导的团队中，研究生占 80% 以上，一直是国内专业素质最高、影响力最大的专业技术团队之一，是挺起民族脊梁不可或缺的力量之一。尽管他们的工作一直隐姓埋名，鲜为人知。

他本来就属于"埋头苦干"那种人，头绪再多，工作再忙，都乐此不疲，每天早出晚归，日程排得满满的。就这样日复一日，年复一年，院士十几载，拼搏尚未穷尽。只要身体和精力允许，可以一直干下去。他从没有功成名就、享天伦之乐、思颐养天年的念想。杖朝之年仍思维敏捷，精气神十足。2005 年，他主持的国家安全重大基础研究项目"中红外掺杂纳米晶量子点固体激光"成功结题，

2022 年周寿桓与 GF 重点实验室团队部分成员
（前排左起：刘睿琦、张利明、周寿桓、张昆、赵鸿、朱辰、王文涛、唐晓军；后排左起：边圣伟、贾佑权、房一涛、徐鎏婧）

他作为首席科学家，11所作为首席科研单位，四川大学、南京大学、南开大学、天津理工大学参与的这个项目，被评价为"2005年在国际上首次提出一种新概念激光，2012年观察到激光输出，为国际首创"。

如今，他的工作主要是带博士研究生，指导他们做课题。他说："我现在有几项重点课题，我出主意并做些指导，其他都由学生们去做，有问题找我讨论，有成果他们为主。"

毋庸置疑，他带领他的创新团队开始更高远的攀登，研究方向完全是创新的、探索性的。

> 因为属于探索性的，所以绝对要保密。比如，我方要反诱饵，如果把研究方向和办法途径泄露出去，对方就会想办法对付。又如，国外可以隐形的东西，他以为我看不到，其实我有法子看到了；或者我有可以看到雷达看不见的隐形飞机，但是我还没做出来，若是泄露出去了，敌方肯定想办法对付！"矛"和"盾"永远是在不断斗争中发展。我们现在的"矛"是什么样，对方不知道；等他知道了，研究出"盾"的时候，战斗可能已经结束了，我方也胜了。这种探索性发明研究很苦很累，经费也少，但我觉得苦也值得。所以现在有些东西，我带着学生悄悄做，上级单位很支持，每年给200万，本所再配套400万，每年共600万。院士直接管理，研究方向自己定，不用"考核"，很宽松。这个要作为重大项目的话，起码要几千万的啊，所以，手头上还是比较紧。但是，我对科研前景充满了信心。

活到老，学到老，干到老，这就是周寿桓。

中国电科集团首席科学家原，时任激光技术部主任陈念江评价说：

周寿桓是比较本色的科学家。他没当过官，没从事过太多的行政工作，所以比较纯粹，比较专注。他处事的方法和着眼点，主要就是怎么能把从事的科研工作推进下去，很少能受到其他一些干扰。如果是行政领导，要考虑到上下左右、纵横交替的各个关系，而他考虑比较多的是科研活动。为什么说他比较本色、比较纯粹呢？因为科研以外的这些问题，他不会考虑太多，这是他的一个特色。跟别的院士比，跟所里的其他一些专家比，这也是他的一个特色。专注科研，埋头搞学问，不像别人会跟领导搞好关系。我记得，原来有两个跟他差不多的老同志，有个老同志跟所长以及所里上上下下的关系都搞得很好，在所里支持率高，领导经常表扬他。周寿桓不是那种人，他的专注执着，真的令人钦佩。像他年龄这么大了，还很关注国际固体激光技术发展现状，掌握这种技术最前沿的动态。这方面，我觉得以他这个年纪，一般人觉得吃点老本就够了，大部分人可能不再去追求什么了。作为老前辈，单凭这一点，我还是很敬佩他的。他的这种精神、这股劲儿，绝不是常人能做到的。

……

周寿桓是技术研究型的，他总是要把问题搞透、搞明白，而且不急功近利。有些人急于把东西做出来，然后推向工程应用，形成一个型号、一个产品。所以，他比较"另类"。我想，正是由于他太专注于基础研究，很难引起领导的高度关注。因为领导还是更关注国家的大型工程、设备型号以及能产生什么社会效益。对技术研究来说，要实现这样的目标，要有一个长期的过程。周寿桓能沉下心，搞一些前沿性、基础性的工作，到后期这个基础研究工作会得到应用和推广。比如，他搞的二极管技术，最早是他开始提倡和研究，这一方面他起到一些先驱的带动和启发作用。

另外，周寿桓是比较强调严谨的。他带出来的学生，一是比较严谨，二是关注技术发展动态、新技术的研究走向，与别人还是明显不一样的。整体上，他的学生理论基础扎实，科研水平比较高。

……

周寿桓从来都是埋头苦干，低调不张扬。我也没见过他找所长为自己评功摆好。他这人，你不找他他也不会找你。我当主任那么多年，他也不会跑来说东道西，不过我跑到他组里去，他会说一下。而且这么多年，他受到社会负面影响比较小，我觉得还是很难得的。因为在这样一个浮躁的社会当中，能把自己的本色保留下来，这一点难能可贵。一个科学家坚守自己的信念才是最宝贵的。

陈念江曾担任激光研究室主任，现在还兼着11所固体激光技术重点实验室主任，是赵鸿他们的上级。她对周寿桓本色而纯粹的评价恰如其分。他埋头苦干，低调不张扬，从没想过当什么先进评什么劳模。他一生政治上唯一获奖的就是下连队锻炼时的"五好战士"证书。从不显山露水的他冷不丁当选了院士，11所上下不少人感到意外和震惊。其实，这看似偶然却也是必然。

鲁迅先生说："我们自古以来，就有埋头苦干的人，有拼命硬干的人，有为民请命的人，有舍身求法的人……这就是中国的脊梁。"

他是一个普通的人。假如他走在闹市区的人行道上，人们可能就会把他当成一个过路的退休老头；假如他走在菜市场，人们也会把他当成一个成都人说的"耙耳朵""家庭煮男"。

但是，就是这样一个普通而平凡的人，只要你听过他的语言表达，看过他的工作状态，熟悉知道他的科学成就，你就会被他的丰功伟绩所震撼。他的确是一个不平凡的人，他如今有资格被称为"民族的脊梁"，因为他用事业、用成果、用爱国之心支撑起了自己的中国梦，支撑起了民族复兴之梦！

第八章 大写人生

中专三年是刻苦学习的三年，同学之间没有猜忌，亲如兄弟姐妹，现在仍然保留着那时的友情，仍然怀念那时的集体。

毕业那年，我校选送三名学生报考大学的相同专业，我们都考上了重庆大学机械系。

——周寿桓

简约的生活

什么样的奋斗，书写什么样的人生。

每天早晨起床，周寿桓都要出门透透气。清晨，在太阳刚刚升起的时候，他的大脑也十分清晰，看见眼前安静、祥和的景致，他想起自己这一生走过的沟沟坎坎，想起曾经的幸福往事或遭遇的矛盾和问题，想起那些孤独、彷徨的内心独白……

他的光电生涯，划苍穹，穿碧海，守疆固土，克敌制胜，于无声处。

他大写的人生，无声无息，却精彩纷呈，事业攀上巅峰，离不开做人的本真。所谓的本真，即做人的良知。比如深得传统文化精髓的熏陶。

他自己的一生可概括为"简约"。

简约起源于现代派的极简主义。简约风格就是简单而有品位。这种品位体现在设计上对细节的把握，每一个细小的局部和装饰，都要深思熟虑，在施工上更要求精工细作，是一种不容易达到的效果。

激光研究中的设计、生产、制造，不就是一个可以借鉴简约风格的理念吗？

他知道，简约风格的特色是将设计元素、色彩、照明、原材料简化到最少的程度，但对色彩、材料的质感要求很高。因此，简约的空间设计通常非常含蓄，但往往能达到以少胜多、以简胜繁的效果。

科学研究的目的就是化繁为简，以简胜繁。艺术与生活息息相关。

　　所以，他的生活准则就是简单明了，不想把简单的人生弄成一道解不开的方程式。

　　他简约的生活经历，充满了奋斗与挑战的传奇。"挣钱好比针挑土，用钱好比水冲沙"，儿时干婆婆的教诲刻骨铭心，成了他享用终生的座右铭。

　　他一辈子没穿过一件名牌衣服。不是买不起，而是觉得不划算。衣服的主要功能是御寒，1000元与100元的衣服，功能是一样的。他的鞋子都是百元以下的，脚上穿的鞋子99块钱，已经穿了三年了。女儿看不惯，给他买了几百元的皮鞋，可他坚决不穿，脚上的鞋子不坏，他是不肯换下来的。

　　他经常外出开会，会场上他喝过的矿泉水要是没喝完，必定要带走继续喝。他说："水资源本来就很缺乏，能省就省，不要浪费。"

　　"锄禾日当午，汗滴禾下土；谁知盘中餐，粒粒皆辛苦。"他小时候在舅舅家吃大锅饭时，常常背诵这样的诗句，养成不浪费一粒粮食的习惯。"吃饭不能掉饭粒的，掉粒饭是要挨一筷子的，要捡起来再吃。剩半碗米饭，一扔一倒，是从来没有过的。"从当年物质匮乏到而今生活富足，他的剩饭剩菜一直舍不得倒掉，热了再热，吃个精光。

　　他一向认为，物质享受不以贵贱区分。吃着最香的、穿着最舒服的，就是最好的。他说："我不是不追求，而是我没有别人那种'物以贵为好'的追求。我也想吃好东西，但我想吃的好东西跟别人不大一样，我认为好吃的东西不是什么大鱼大肉、山珍海味，只要我喜欢吃的就是最好的。比方说我最爱吃白菜豆腐，白菜叶前面一段嫩的做汤，里面放豆腐或者放几个丸子，我最爱吃。白菜帮子呢，就切丝儿，炒点豆腐干，这也是我最爱吃的。不是说我不爱吃好的东西，好东西大家都爱吃，但合你胃口的才是最好的东西。"

他厉行节约在单位上是出了名的。他写东西，纸张从来都是正面用完反面用。他说："除了保密的没办法，不保密的翻过来一定要用。我把这个习惯带到了美国，美国佬都笑我：'纸不有的是吗？怎么要这样节省？'我就开玩笑说：'不应该给你们美国佬节省吗？'"

他在办公室不习惯开空调，电风扇吹一吹就行了；他也不喜欢进了门齐开灯，灯火通明太浪费；用电脑阅读资料，有亮光看得清就行了；离开办公室前，关掉所有电器……

这个不是谁教我的，是从小养成的习惯。古人讲'克勤于邦，克俭于家。'意思是对国家要勤恳，在家里要节俭。古人还说'俭开福源，奢起贫兆'。这些都是我们中华民族好传统啊！我觉得现在铺张浪费的奢靡之风不是好事情。比如为了拉动 GDP，增加消费，吃不完的扔了、没穿旧的换了、刚买的汽车没开几年就换新的，我很反感，这是在消耗资源啊！

地球上资源有限，有些不能再生，消耗了就没有了，所以不能用鼓励消费来带动 GDP。我说应该鼓励旅游，旅游没有什么消耗，大家出去逛逛心情好，身体也好。为什么要喜新厌旧拼命地消费，浪费钱物？我觉得勤俭持家过简约生活这个习惯，中国人还是要保留。或许有人说："都像你一样买个东西用一辈子，工厂没法生产了，厂家没法吃饭了。"可我觉得，工厂可以转型生产别的，人们可以改变生活方式。大家可以去旅游，为什么非得要发展这么多工厂？也许我这个属于……哈哈，不能说，但是这个观念我是不变的，谁再说我也不会轻易改变。

　　去过周寿桓家的学生都有共同的印象：周老师家里十分简陋，家具也是多年前添置的旧家具。他从美国挣了钱回来，也没再更新过。他解释说："我不爱买东西，房子里的家具能用就行。孩子们总抱怨买的新衣服我不穿，我觉得没必要穿新的。我现在夏天就两三件衣服换着穿，鞋一定要穿坏了再换。他们给我买的新衣服我都放着，等以后给灾区捐赠衣物，可以捐这些新的。"

人格的力量

　　本真做人，良知至上，周寿桓便是如此。他认为，作为导师，帮学生选定专业方向、敲定科研选题、判断科研路径、修改论文等，都是天经地义、责无旁贷的分内事。他对科研领域某些导师在学术成果方面以权谋私、雁过拔毛、争头功的现象嗤之以鼻。

　　在大学里读研究生，围着导师和课题转圈，给导师干活，司空见惯。在研究所跟周寿桓这样的导师学习，则是导师围着学生课题转圈。2016 年 6 月，11 所他的在读博士还有 6 个人，其中，刘磊读了八年了还没毕业。读了八年没有毕业，难道是周寿桓要求太高、太苛刻了？刘磊不以为然："这只能说明我努力不够。周老师八十多岁，还在拼命地学习、拼命地工作，我跟他比差太远了。我们几个不脱产读博的，做预研课题的比较多，我们做试验给他汇报，他特别'识货'，技术上很敏感，关键处讲解提示，把握大方向。为了不影响我们正常工作，他平时不找我们，总是利用周末约我们去谈工作、谈学习。我们写的文章，非要他署名的，他都要求放在最后。这就是周老师的人格魅力，我跟周老师八年了，唯一为他做的一件非工作的事情，就是他办公室搬家时，我帮他搬过书。"

　　周寿桓主编的"现代激光技术及应用丛书"，其中一本《激光武器》，为北京理工大学阎吉祥教授所著。在撰写当中，周寿桓帮忙搜集了大量资料，提了很多有益的建议，阎教授过意不去，要和他共同署名，他一口回绝了。不光这一册，其他不少分册作者要他共同署名，也都被他谢绝。

阎吉祥教授感慨道："周老师这人品质高，关心他人比关心自己更多。在奖金分配上，总是比别人拿得都少。我们这一套丛书，他非要按姓氏拼音排名编委会名单，他的姓氏排在最后，大家只好这样。每本书的作者都在前言里写了感谢他的话，最后都被他删了，唯独我这本《激光武器》，他又是提建议又是帮忙找资料，我一再坚持，他才接受了我在前言的感谢之语。"

1980 年，阎吉祥在北京大学读研时便认识了 11 所的周寿桓，俩人至今交往未断。从那时候开始，周寿桓"加班到深夜"的敬业精神，"毫不利己专门利人"的处事风格，令阎吉祥感动不已，深受激励：

老知识分子我见得多了，敬业是他们的共同特点，可像周寿桓这样玩命工作的，实在太少见了。他一年 365 天都在忙工作，小病不休息，大病扛不过去了才住院。他没有"星期天""节假日"的概念，在他心目中，事业就是生命的全部。2017 年春节前，我们见了一面，就为那套丛书。他说春节咱们加班，我说没问题，正月初三他就把我约去了，他说春节放假，单位特别清静，很适合加班干点事。其实那时候他劳累过度，免疫力下降，已经染上了带状疱疹。

他人非常正直，爱憎分明，嫉恶如仇，最见不得学术上造假。中国电子元件行业协会温学礼秘书长也说过，周寿桓特别正直，开会时有人弄虚作假，他毫不留情，坚持原则，维护学术的纯洁性，令人肃然起敬。我也多次对我老伴说，周寿桓的人格魅力，为人处事，实在让我很感动。

他一生淡泊名利，唯一当过的有实权的职务就是科研班组长。职务虽小，但他仍以身作则、两袖清风，还拿自己的奖金资助学生。组里有人私自维修激光器收取劳务费，还把消耗的材料费据为己有。他坚决纠正，毫不留情，说："有人想赚钱，我不反对，但是'君子爱财，取之有道'，无论如何不能干昧良心的事。我们卖出的激光器需要维修，用的我们自己的材料，等于是加了材料费，有人把这笔钱装在自己腰包。我知道后很生气，我说'这个钱要上交给所里，不能算你的，这种情况资本主义国家也不允许，何况我们是社会主义国家。'我就叫他把材料费退了。"

他一生不为名不为利，成为院士后有了更大的权力，依旧如此。他当国家奖评委，早在院士之前就是了。他说："我兼任国家奖评委已经很多年了，参加了多次国家奖的评比。当了院士，评奖活动更多了。起初有人找上门来，送这送那的。我有些纳闷，心想我以前评国家奖时，包括评院士，都没有去找别人。现在这风气越来越盛行，我真有些受不了。每次评国家奖，总有人来找我，说是给我汇报一下，有些通过关系找上门的，比如某个领导打了招呼。但他来了非得要送东西。有的时候，我实在没方法，送点茶叶或者纪念品就算了，比方他们的什么大工程，完了有个纪念品，这个也就算了。但是送钱绝对不可以。"

他浑身正气。有人打着送材料的名义找上门，他都认真翻一遍，只要材料里面夹着装钱的信封，都被他坚决退还。这种情况发生多了，周寿桓也很无奈，索性闭门谢客，拒收材料，拒绝会面。这么多年，他经手评比的国家奖有上百个之多，大多事过人去，只有一个人不同。

这个人是基层工厂的，由所领导介绍。周寿桓回忆说："每次有人来送钱，我都让人家拿走，毫不客气。这个人拿的钱很多、很厚，大概他觉得都要这样才行。我一看问题严重，坚决不要。他一下很紧张，感觉要完了，我怎么给他解释都不管用。我说'要不你把钱留下，但我绝对不投你的票。因为你们会认为获奖是拿钱'买'来的，也不会那么珍惜自己的辛苦劳动了。其实，我认为你们的工作很好很出色，我是愿意投赞成票的。'说完后，他忐忑不安地走了。看他失魂落魄的样子，我于心不忍，又追去安慰他两句。评奖时，他们的工作得到了多数评委的赞赏，通过了！他是在工厂里，很难获得国家奖项。这个奖对他很重要，我理解他的心情。多年来，我们没有往来，但每年节日他都发短信问候。我评奖的上百个都有了，但连续多年不断问候的很少。"

忘我的困窘

有人说当上了工程院院士，就是戴上了顶级科学家的帽子，要想挣钱，易如反掌。

可他从来都把钱看得很淡。早年当班组长时，用自己的奖金资助学生读研究生，原本不宽裕的他却对钱毫不吝惜；别人用他发明的 VRM 腔镜赚钱，他也没什么想不开。

"文化大革命"后，十七年没涨过工资的单位终于要涨了，不过不是人人都有份，而是一百个人当中只有三个人。周寿桓蛮有把握，他想："论资排辈，肯定有我；按成绩、科研、论文、专业能力等，也应该有我"。结果领导找他谈话，说某某家庭困难，能不能让一让？他心想："让一年，明年就有我了，晚一年没什么关系。"

于是，二话不说答应了。那年头涨工资，有的人为了几块钱大动干戈。事实上，他这一让，绝非一年，那阵子涨工资这种好事，哪能每年都有？

他面对荣誉就让。在所里，他从来没当过先进个人，把荣誉都给了年轻人。他说："我们班组干工作确实比别的班都好。我们班每年都能评上一个先进个人，我都让给年轻人，我什么先进都没当过，也没想当。"

所里分房他也不争不抢。他最早住的西四砖塔胡同的房子，是"文化大革命"中被没收的私房，三间房加个拐角，算是"三间半"。"文化大革命"后，房子要还给原来的房主。中央规定，由单位解决搬迁用的住房。别人遇到这种情况，都要讨价还价，两间非得要三间，不多给就不退房。周寿桓的三间半，先提出"一换一"，所里有困难，说没有三间半的。领导说："你马上当高工啦，当高工都给三间，现在只有两间就先凑合吧！"他就同意了一套两间的五十多平方米住房，在大山子北里的36号楼。

大山子北里36号住宅楼南边，原来是11所生活区的公共食堂。"文化大革命"后，食堂关门闲置，所里本想拆了重建家属楼，可城建部门不批，后来想办法硬是把两层的食堂改造成三层的住宅楼，分给教授级高工，成了别具一格的"专家楼"。楼内一层是客厅、厨房、卫生间、浴室和储藏室，二、三层是卧室，每层有卫生间。建筑面积一百零几平方米，使用面积八十四平方米，除去走廊楼梯卫生间，使用面积不多，但挺精致。在当时的居住条件下，这已经是很令人羡慕的了。分房时对职工打分，按得分高低依次选房。结果，他又排在"下游"，分到朝北的一间。有人觉得打分标准不公平，但他一家人却因为有了新的住处感到很欣慰。

2003年当选为中国工程院院士后，11所开始张罗给他调整住房，因为这间需要上下楼梯的朝北房间显然已经不适合已经 60 多岁的他居住了。2008 年，女儿接周寿桓夫妇一起居住，悬而未决的院士住房问题成了 11 所领导的一块心病，所里调房不成，改为在望京购买八十多平方米的住房，算给院士住房的"补差面积"。结果这件事由于他太过专注事业，个人的事没上心，以致到手的房子也没影了，说出来令人啼笑皆非。

所里在望京为院士购房，他去选房并交了定金，第二次去交后续款，具体的管事人请他一起去领房产证，他想，所办公会已决定这房是补差分给我的，请人代办就好了。结果房产证上写的房主是 11 所，管事人说："房子是 11 所分配给你的，先登记为 11 所，然后再分配给你，不一样吗？"他也认为没问题，觉得什么时候办手续都一样，就没有马上去办理。后来，儿子要成家，他就想把这房子卖了，在儿子单位附近另买一套。结果人家说"这房子是 11 所的，不是你的，你尽管住，但不能算你的。"他如梦初醒，搞了半天，敢情这房子产权不清！他没辙了，提出折中方案，按当初买的价转过来。也不行，说这是国有资产流失。他很窝火：

> 不管怎么样，起码房子定金是我交的（财务处现在也没法结账），也有百分之几的产权吧？以前人家要房子，都是要自己去闹，而我从来不想去闹，所以房子问题我总是吃亏。不是不想要，但总觉得花时间去闹不划算，也很难拉下脸皮。
>
> 我一辈子不关心这些事，现在看还是不行。我在美国挣了十来万美金，原想这一辈子都不缺钱了，日子好过了，钱就存在银行里。我们单位有个同志住在望京，望京开始盖房的时候，他说："你赶快买房子吧，才两千块一平方米，以后肯定要涨。"我说，我有房子住，买它干啥？不久，涨到三四千了，

那位同事又告诉我赶快买，我还是没听他的。等想要买房的时候，才发现存在银行的钱买一套都不够了！要是最初听他的建议，可以买几套房。年纪大了，大山子的房子确实不适合了。长期住女儿家，外孙也逐渐长大了。历届所长都想办法要给我解决住房问题，但确实有难度。再努力，也没用……算了吧！

对于周寿桓来说，"忘我"不仅仅是一种高山仰止、景行行止的境界。步入耄耋之年，生命不息，奉献不止，却遭遇如此无奈，真令人感叹嘘唏，如鲠在喉。

为人父　止于慈

"为人子，止于孝；为人父，止于慈"。周寿桓身为人子，未尽孝道而抱憾终身；身为人父，对儿女又歉疚不已。

一次，他给大学生作报告，学生问他对家庭最大的遗憾是什么？他脱口而出："我最大的遗憾是，当女儿想让我陪她玩时，我没有时间；当我想让女儿陪我的时候，她没时间了。"父亲言为心声不无幽默，女儿讲述此事，却为之动情，眼眶都湿了。

父亲从来都是女儿心目中的偶像。周婷小学毕业时，正值青少年偶像崇拜热，别的同学崇拜明星，周婷毕业纪念册的个人偶像栏填写的是"我的爸爸"。周婷说："别人崇拜刘德华，我崇拜的是我爸，在我心中，父亲的形象非常伟大，我始终有一种说不出的崇拜感。"

周婷对父亲最初的感觉有点模糊和遥远。她刚懂事那阵，住在成都六姑家，隔一阵子就被姑姑带到三伯家，让她对着电话筒叫爸爸叫妈妈。她说那时候对爸爸妈妈几乎毫无印象。有一天，她收到从北京寄来的洋娃娃，洋娃娃穿着漂亮的衣裙，眼睛忽闪忽闪地还会动，非常时髦。成都市面上还没有卖的。听说是爸爸给她的生日礼物，喜欢得不得了，后来被叔叔家的妹妹弄坏了，她哭得很伤心，害得叔叔跑遍成都也没能买到……

周寿桓说："我培养儿女，从不逼他们看书，也不为他们择校，我觉得他们童年快乐最重要。我说，你们长大不害人不害这个社会，我就非常满足了，若有能力再为社会作贡献那就更好了。贡献多少都行，当然，贡献越多越好。我这两个孩子都比较争气，女儿在学校是骨干老师，责任心特别强；儿子人缘特别好，已经是中科院的技术骨干了。"

他教育子女，身教重于言教。他从不逼孩子们读书，反而是自己的阅读习惯在孩子们幼小的心灵里播下了爱好读书、刻苦学习的种子。儿子周翊说，小时候经常看到父亲一边洗衣服一边看书的情景，印象很深刻。

周婷听说过这样一件事："哥哥小时候很淘气，非要玩骑马游戏，父亲一边被儿子当马骑，一边背英语单词。还托起哥哥跑，不小心把哥哥的头碰门上，哥哥哭了，父亲竟然一点儿都没发觉。"周翊记得，大山子北里 36 号楼时，小房子有两张书桌拼在一起，他们父子就这样面对面，父亲看书，儿子写作业，偶尔遇到问题，抬头看到父亲专注的样子，便不好意思打断。

周寿桓一向认为，人的大脑就是用来思考和记忆的，大脑越用越灵活，若是大脑长时间不工作，就会废了傻了。这一点，周翊兄妹都知道："文化大革命"中无所事事，父亲学英语背单词，还背象棋棋谱，拼命地锻炼脑子，训练记忆力。

周婷说："父亲挑战自我的意志力令我折服。在大山子里 36 号三层住宅楼的时候，父亲患上糖尿病了，为了消耗热量，通过运动降糖，他在一楼摆一盒棋子，然后上到三楼，再返回一楼，取出一枚棋子放在另一个盒子里，再上去下来，周而复始。每天设定运动量，天天坚持，从不间断。父亲现在家里唯一的娱乐，就是玩数独游戏，都这般年纪了还强化逻辑推理，训练最强大脑，真的令人佩服。"

周婷深有感触地说："父亲是我人格上的标杆和榜样，他也很注重对我人格上的教育培养。他曾语重心长地告诫我'即便你是公主，也不要把自己当公主'。他要我学会先做人再做事，做人第一。从恋爱到结婚，父亲叮咛最多的就是，要好好孝敬小田父母。"

周婷爱人名田岳鑫，家里人称"小田"，外地的普通家庭出身。周寿桓不仅对女儿提要求，也对姑爷千嘱咐万叮咛："孝敬父母要趁早，常回家看看，不光在物质上还要在精神上。"小田本科毕业就在11所工作，想让岳父利用关系，弄个通过科研项目读研的机会。周寿桓对他说："你要是觉得读书有用，就去读，不要靠别的，否则就算了。"田岳鑫听了岳父的忠告，刻苦学习，一鼓作气，考上，硕士、博士。周婷说："这件事情上，小田最感谢的人是我爸。"

他艰苦朴素，对儿女们影响很大。他们生活上的追求简约，大都受了父亲的影响。周婷说："父亲的袜子向来选一种颜色，坏的一只扔掉，好的一只接着穿。父亲打保龄球穿的一件T恤衫烂了，让我妈补来补去就是舍不得扔掉。我给他买衣服、鞋子，买贵了他绝对不穿，后来没办法，500元的T恤、皮鞋，我一定要说成50块钱买的，哄着让他穿。一次他外出开会把我买的一件500元的T恤丢了，他觉得丢了无所谓，我妈不好明说，其实暗地里心疼了好一阵。"

周婷还感慨道："小田这样说过'咱爸在院士的层面上想挣钱很容易，但他对金钱的欲望简直太小了，几乎为零，这样的境界真了不起！'而且，我一直认为，其实我爸的内心情感是非常丰富的，只是他不善于也不愿意表达而已。"

他的父爱，表现在儿女跟前不尽相同。他认为"男孩养十八，女孩养八十"。周婷举例说："刚有出租车那会儿，我出门，爸爸给钱让我打车。哥哥想打车，爸爸却抱怨说'长两条腿是干吗用的？'从内心深处，我爸对哥哥要求严期望高。表面上看他偏心疼爱女儿，实则不然，他对儿子的教育培养称得上深谋远虑、用心良苦。"

周翊从成都回来就上小学了。四五年级脖子上挂着钥匙，放学回来取牛奶、生炉子、接水、烧水，然后再写作业。家里生活十分简朴，周翊说他第一次坐小车，还是妹妹出生时全家人从医院出来坐出租车。周翊海外归来，在中科院从事激光研究，目前主持着一项国家重点课题，也算是子承父业了。

我小时候爱玩魔方，玩得还不错，都是爸爸教我的。我原来数学特别好，喜欢的就爱学，不喜欢的不爱学。后来对物

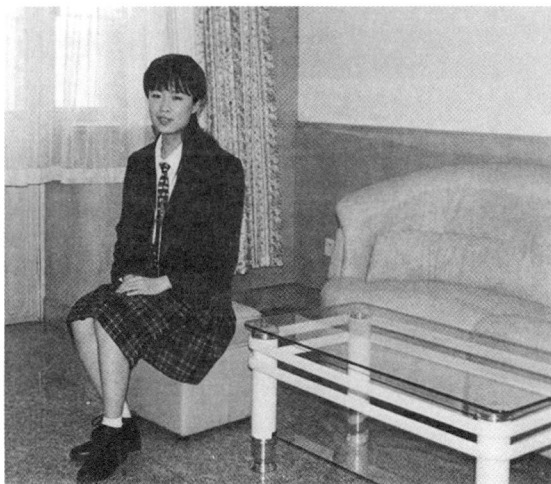
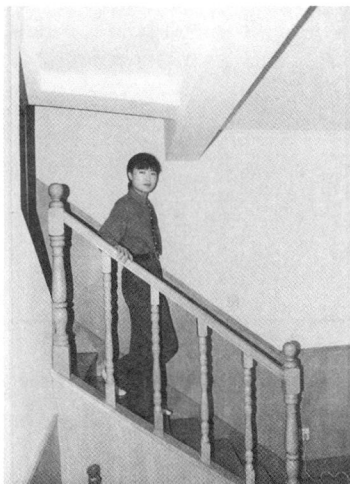

女儿周婷

理产生了兴趣，英语还是有些差，爸爸有空就辅导我英语。上大学后，爸爸要求我坚持晨读英语。长春那地方太冷，到冬天没法坚持，半途而废了。我的硕士毕业论文完成先让他看，他提了几个问题，都很准。后来博士论文时，他在国内，我在美国，通过别的方式征求了他的意见。小时候有点怕他，我越是长大了越是敬佩他。实事求是地讲，我爸比我努力，比我认真比我刻苦。

我成长中，父亲像一股无形的力量，又是助推又是牵引，无时无刻不在鞭策引导着我。现在走上工作岗位，也搞了激光，父亲于我是压力也是动力。如今他都一把年纪了，还老骥伏枥、志在千里，我怎么可能不努力？

虽然周寿桓陪孩子的时间少，但他对儿女们还是很上心的。两个孩子结婚时，周寿桓都把他们的照片精心整理成册，当作新婚礼物分别送给他们作纪念。

他的心事，周婷最懂，"我觉得父亲有孤独感，也很倔强，他不愿意老了拖累我们，成为儿女的累赘。可这让我们做儿女的如何是好？这是我们父女最大的分歧，也是最不愿提起的敏感话题。"

远山同窗情

亲情缠绵，友情延绵。

粉碎"四人帮"不久，远在云南澜沧的徐天澍收到一封北京的来信，一看便知是周寿桓的。信的内容很简单，只问他是否还在澜沧铅锌矿。

这两个同窗好友，当年怀着报国志向各奔一方。十年浩劫中，书信来往被迫中断，彼此最牵挂的，还是对方有无受到冲击迫害。两人出身背景颇为相似，惺惺相惜，当年徐天澍家庭出了状况被迫转业。冬去春来，万物复苏，周寿桓一缓过神来，首先想到了徐天澍。

他尤其看重钢铁学校那一段成长经历与同窗交情。他说："高中（中专）阶段，没有什么勾心斗角的事，大家单纯、率真、诚恳，称得上心心相印。这一年龄段同学相处，交情笃深，终身难忘。"他尤其记着"大班长"的好。徐天澍接到信即刻回复。自此，两人又是书信又是电话，相互联系再未断线，犹如远方绵延的群山。

1982年9月，徐天澍夫妇离开工作生活了二十多年的澜沧铅锌矿，调到云南铝厂。周寿桓第一时间得知，颇为欣慰，致信祝福，坦露思念。

1984年，徐天澍夫妇到北京出差。阔别三十载的老同学终于盼来重逢的机会，他欣喜若狂，亲自到车站迎接，亲自去菜市场采购，一下买回来两只鸡，亲自下厨做菜。妻子对徐天澍夫妇说："我们结婚十几年了，他一反常态，这么激动不已，热情主动，还是头一回哩，可见你们关系很不一般啊！"

那阵子，他的激光研究"小荷才露尖尖角"："高重复频率非稳腔Nd：YAG激光技术"1982年荣获部级一等奖；"YAG-染料－喇曼移频宽

1984年，周寿桓与徐天澍、陈砚梅在北京

带调谐激光器"业已发明成功，1985 年获部级二等奖，1987 年获得国家级二等奖。身为冶金工程师的徐天澍、陈砚梅夫妇，见证了澜沧铅锌矿的兴衰，又效力于云南铝业的崛起。大家心情都一样——努力工作，好好生活，把"十年动乱"损失的补回来。徐天澍夫妇最懂周寿桓。当年志向高远，如今国之栋梁，他肩负国家重托，科研征程"春风得意马蹄疾"。他们不愿也不忍干扰他，第二次来北京出差就住进宾馆，想只打个电话聊几句，不料周寿桓专门赶到四川饭店看望他们。

渐渐地，其他同学也有了周寿桓的消息，大家都以他为"冶金装备 02 班"的荣耀和骄傲，也体谅他工作繁忙，尽量不去打扰。戴咏雪去了趟北京，周寿桓赶来看望她，临走还特意赶来帮她收拾行李，送上了火车。戴咏雪赞不绝口："别看他身份地位变了，还是当年那样待人诚恳、乐于助人。"原团支书周德智说：

我们毕业后再没见过面，我也从来没给他打过电话。我觉得他作为院士，工作忙，打电话耽误人家时间；要是他下班了，打电话也影响他休息。所以我觉得没有那个必要。

后来我和爱人回了趟北京，他知道后来看望我们。我记得见面的时候，他站在马路对面冲我喊"书记，书记！"他一下就把我认出来了。我却没把他认出来，因为他当时穿着很朴素。之前我以为他当了院士，最起码穿戴不一般，可他却穿个普通的蓝白条短衬衫和黑裤子，很朴素！他看到我们很亲热，要带我们去逛公园。我心想，人家堂堂院士，时间精力多宝贵。我们心里过意不去，但盛情难却。他带我们逛公园，请我们到四川饭店吃大餐，专门为我们点了一盘大对虾，还叮嘱说"其他菜吃不吃都可以，对虾一定要吃完，在四川不大容易吃到的"。让我们好感动！

　　所以我觉得，周寿桓一点架子都没有。对我们十分尊重，热情大方，嘘寒问暖，非常诚恳。

他当选了院士后，事业进入巅峰期。而钢铁学校的老同学们，纷纷都开始了退休生活颐养天年。有趣的是，这么多年了，大家还是以"大班长"为中心，保持联系，维护和加深了铭刻美好青春记忆的集体情谊。

1997年，同学们在成都举行了毕业后的第一次聚会，周寿桓百忙之中赶来，这是大部分同学在毕业之后首次与他见面。1997年以后，他又来过昆明四次：2007年，昆明同学聚会，他赶来参加；2008年，徐天澍出车祸，他前来看望；2011年，徐天澍八十寿诞，他和同学们前来祝寿。2016年4月3日，他第四次来昆明看望"大

周寿桓在昆明与重庆钢铁工业学校部分老师、同学聚会
（左起：简端华、魏福渝、陈砚梅、王老师、周寿桓、徐东升、张庆生）

班长"徐天澍。这一回，"大班长"和昆明的同学为他举办了七十八岁生日寿宴。他嘴上不说，心里感激！

他从不主张过生日，儿女问他准确的生日，他都拒绝告知。有一次，周婷为儿子过生日，成都的叔父打电话祝四哥生日快乐。周婷这才知道，爷孙俩都属鼠，年龄相差七十二岁，出生月份相同，生日只差一天。

大概是在大学或多或少有过同室操戈、人间冷暖、世态炎凉的体验，他唯独在乎钢铁学校同窗之情。同学们盛赞他同窗重义，肝胆相照，知恩图报。不过，联想他1997年之后，每年回成都为父母扫墓，四去昆明看望老同学，每每不失老同学相见机会，亲情、友情、恩情，情有所系，如诉如歌。只是回归本真的渴念到了晚年，愈浓愈烈罢了。

他说，真正美好的陪伴，便是让那另外的一个人觉到更爱了自己，这是至高无上的情义，是付出、是索取、是分享。

他说，一番真性情，书写别样的人生精彩。人世间，最珍贵的是友谊，最打不散的是兄弟，最讲究的是义气，永不泯灭的是情义！

他希望简约的人生，成为一种感受简单的生活方式，成为一种生活智慧的思想理念，成为一种轻松之美，一种灵动之美，一种享受之美！

他不想让复杂的琐事搅乱他平凡的生活，他只想在简约人生中获得轻松和愉悦……

第九章　川大十年

激光出现初期，有大量关于光学谐振腔的论文，我正是通过阅读、学习这些论文，逐渐掌握有关的理论知识。其中，A. G. Fox 和 T. Li 用计算机模拟计算腔模的形成过程最为形象生动，后来在教科书里也广泛引用。其结论是：为形成稳定的场分布，光束在腔内大约需要经过 300 次来回振荡。

——周寿桓

心系川渝

蜿蜒的嘉陵江与浩瀚的长江，像成渝的两座城市，屹立在山水与山峦之间。

成都是周寿桓的故乡，那里的小吃令他难忘。每逢过年，他们几兄弟都要邀约一起到杜甫草堂游览、吃小吃，钵钵鸡、叶儿粑、蒸蒸糕，还有文殊院的凉粉……

"露从今夜白，月是故乡明。"他对故乡成都的怀念没有诗人杜甫笔下那般凄楚哀伤，但怀乡思亲的念头却是时时闪现。

自中学毕业后，他大半辈子在北京生活，最爱吃的是白菜炖豆腐，最拿手的却是四川担担面，家乡的味道怎么也忘不了。

乡愁难忘！

1997 年首次回乡探亲，之后只要一回成都，他都要去给父母扫扫墓，接下来，一是请弟弟周寿樑做夫妻肺片、煮凉粉、龙抄手之类的四川小吃解解馋，二是回正通顺街走一走。

尽管童年记忆中的街巷大院早已消失殆尽，小学无处寻觅，中学几易其名……不过双眼井与巴金故居还在，还有成都市第八中学这块母校招牌，以及满街的乡音、乡味、乡俗，足以让他找到儿时的感觉了。

成都市第八中学以校友周寿桓院士为荣。校庆时，他作为特邀嘉宾，见了好多初中同学，感觉挺开心。

他对母校重庆科技学院一直十分挂念。

2009 年 6 月 20 日，重庆科技学院校友会成立，包括他在内的60 多位校友回到母校。对此，他坦言："走出校门后，我又进了两所大学学习，但重庆科技学院留给我的印象最深刻，只参加重庆科技学院校友会活动。"

重庆科技学院的冶金与材料工程学院，是由当年重庆钢铁工业学校发展而来的。首次回母校，他参观了冶金学院实验室，与获得全国大学生创新大赛银奖的同学交流，与同学们合影留念，在院领导邀请下，他题写了"钢铁是怎样炼成的"，励志成才，寓意深长。

重庆科技学院以周寿桓校友为荣耀，周寿桓不忘母校栽培，关注母校发展。

2011年1月，学院党委书记魏过宏等一行专程赴京拜访周寿桓。5月18日，周寿桓前来参加重庆科技学院建校60周年庆典活动。在校庆庆典会上，他代表校友致辞中他讲道：

2021年6月，周寿桓与重庆科技学院的部分师生合影

重回到母校，看到风华正茂的学子们，我又仿佛回到辛勤求学的岁月。我是1954年进入重庆钢铁工业学校进行学习的，1957年毕业，当时国家正处在第一个五年计划的转变期，后来叫"过渡期"。钢铁工业是国家建设的重中之重，钢铁专业成为很多

2001年，周寿桓与重庆科技学院副校长肖大志在北京

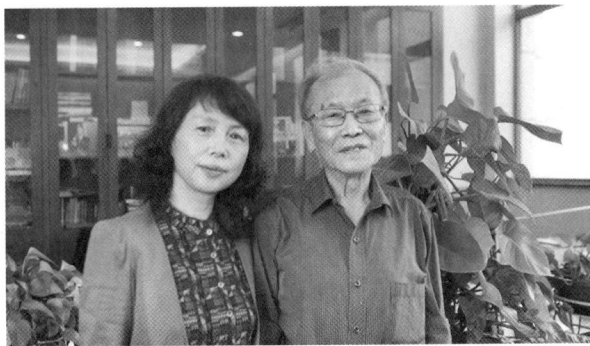

2001年，周寿桓与重庆科技学院朱光俊教授在北京

考生的优选，都以毕业后能够投入钢铁战线为国家效力而自豪。课堂上同学们都是刻苦学习，老师们尽职尽责，在这里，我不仅学到了知识，也学到了做人的道理，让我一生受益。

钢铁学校毕业以后，我考入重庆大学，1960年转入中国科学技术大学学习，1964年开始从事固体激光的应用和研究。改革开放十几年间，我到美国访问，1994年，受美国邀请在纽约大学访问将近3年时间。这些都是因为我在母校打下了比较坚实的理论基础，并获得了终生难忘的受益经历，所以我参加工作后发展比较顺利。

一个人只有把自己的理想追求和国家民族的命运结合起

来，才能体现自己的人生价值。我希望广大年轻校友珍惜在校的学习机会，树立远大理想，勇于创新，敢于实践，相信你们一定会比我们强，也一定会取得更大的成绩。

这次返校看到母校充满朝气和活力，我为母校取得辉煌成就而骄傲，也为自己成为科技学院的一员而感到自豪。重庆科技学院有长期积淀的办学传统，有追求卓越、敢为天下先的拼搏精神，我相信，重庆科技学院建设高水平特色科技大学的目标，一定会实现！

最后，我想说一句话和大家共勉，"学如逆水行舟，不进则退"！谢谢大家！

他把当年黄敬修老先生赠送给他的"学如逆水行舟，不进则退"格言，送给了同学们。当年，就是在这所学校，黄敬修老师语重心长的告诫，使他记忆犹新。正是这种进取精神，鼓励他戒骄戒躁，一步一个脚印走到了今天！

在重庆科技学院 60 年校庆系列活动之一的"冶金材料产业发展与应用发展论坛"上，他应约作了"全固态激光进展"主题报告。

时隔两年，2013 年 9 月，他再次回到母校，指导"纳米功能材料研究"工作。2015 年 2 月，严欣平校长一行专程拜访周寿桓院士。不难看出，短短几年，他与母校来往密切，对母校情有独钟，助力发展，有求必应。

重庆科技学院副校长肖大志分管科研，跟他接触多，一来一往熟悉了，满怀敬重。提起周寿桓，肖大志有些激动，说得眉飞色舞："我们学校出去就这一个院士啊！很多大学没有院士的，我们学校很骄傲很自豪，重庆不少高校羡慕得不得了。所以我们比较大的事件，校庆、大论坛，还有一些事情都找他，他全力支持，院士给我们的支持是多方面的。周院士是我们的骄傲。"

符春林他们尤其感激周寿桓,在一份汇报材料上,他这样写道:

> 自2013年起,周寿桓院士亲自指导我们信息功能材料研究所开展纳米光电材料研究。在此期间,不仅我们研究所的主要研究人员多次到北京汇报工作进展,而且周院士两次亲临实验室,查看试验过程和试验样品,除指导纳米光电材料的研究外,还对研究所的研究方向和未来的走向,提出了极为有益的建议。
>
> 周院士宽广的视野、敏锐的洞察力,启发了研究所人员的研究思路,他严谨的工作作风、实事求是的工作态度,深深地感染了我们研究所全体师生。在他的指导下,我们成功制造出一系列纳米光电材料,在此基础上获批国家自然科学基金3项,发表SCI论文31篇,申请发明专利12件。

周寿桓行走在川渝走廊,领略一道道旖旎风景,品尝一道道川渝小吃,他的思想,他的情感,他的追求,他的梦想,在山水之间流淌……

川大结缘

四川大学历史悠久,是我国西部重点建设的高水平研究型综合大学。

家乡关注着这位川籍院士科学家,周寿桓也关注着家乡的这所最高学府。2006年下半年,他应邀来到四川大学电子信息学院,与激光专业的老师见面交谈,还参观了实验室。

当时的四川大学正处在充实调整阶段，电子信息学院的黄卡玛院长、孙年春教授请他来四川大学，希望在激光方面能够带一带、帮一帮他们。四川大学校长谢和平与周寿桓同为工程院院士，言语投机，一见如故。谢校长请周寿桓加盟四川大学，乡音乡情，盛情难却，他乃性情中人，当即应诺。

由于此前他曾接受兼职南开大学"陈省身讲习教授"的邀请，他认为以自己的能力和水平，无法同时在两所都以基础研究为主的重点大学工作。因此，他诚恳而坚决地辞去了在南开大学的兼职。

同时，他向11所领导说明了要辞职去四川大学工作的理由。但所长这一关就没通过，说可以两边兼管。上级一位领导站得高、看得远，他认为四川大学那边偏重基础，11所这边偏重工程。基础、科学问题放在四川大学，工程、应用问题放在11所，两边形成互补，也是一种横向联合的新模式。几年下来，他也真觉得两边能够互补，很有好处，只是两边奔波，辛苦了许多。

四川大学院士团队的成员有：陈建国、李大海、孙年春、张蓉竹、

谢和平校长题词
（左起：计玉娟、蒋斌、李旭峰、王俊、谢和平、周寿桓、黄卡玛、徐兰、张弘）

李智等，他们以教学为主，没有承担过重大的国家项目。

为支持周院士在四川大学开展工作，谢和平校长在人力、物力、财力多方面给予支持，科研条件大为改观。周寿桓嘱咐老师们"挣钱好比针挑土，用钱好比水冲沙""要保证每一分钱都用在购买实验室设备上"。老师们说："周院士千叮咛万嘱咐，我们牢记在心，诚惶诚恐。说实话，有幸跟着院士做事，是个人成长最好的机会，也是我们学院激光专业发展最好的机遇。"头一桩事，一定要办好。在陈教授指导下，老师们对所有要购买的仪器、设备和配件，以国际视野进行择优采购。面向全球发标竞标采购，跟商人乃至厂家讨价还价，把一个钱掰开当两个钱用。当时发生了震惊中外的"5·12"汶川大地震。国际上为支持灾后重建，川大以很低的价格拿到了飞秒激光器新设备。

老师们忙着采购设备时，周寿桓开始酝酿利用四川大学这个新平台，发挥高校和科研院所取长补短的合作优势，申请国家自然科学基金重大项目。周寿桓选定了重大基础研究项目"高功率全固态

2009年9月15日，周寿桓在成都参加"高功率全固态激光相关基础科学问题研究"学术交流会

激光相关基础科学问题研究"。他作为首席科学家，四川大学作为首席研究单位；项目由四川大学主持，中国电科 11 所、中物院应用电子学研究所、复旦大学、湖南大学共同完成。老师们说："当时，四川大学还没有主持过国家自然科学基金重大项目，大家有畏难心理，不敢挑这个头。周老师不亢不卑，一副学者风范，鼓励我们。地震时，我们还在谈论这个议题，周老师当时在北京，第一时间他就打电话过来，我们刚报了平安，通信便中断了。"

申请国家自然科学基金重大项目很难，一个项目就有几个像四川大学这样"联队"竞争，老师们当时心里都没底，四川大学牵头，万一拿不下来就前功尽弃了。可他心里有数。

"高功率全固态激光相关基础科学问题研究"项目包括三个研究方向，答辩材料都由周寿桓、陈建国指导把关，修改完善。答辩由国家自然科学基金委员会组织实施。

申请答辩就像赶考一样。本以为万事俱备，谁知前一天晚上，有个课题的电脑居然坏了。"当时大家急得像热锅上的蚂蚁，实在没辙，只好找周老师。好在周老师他每次审稿、改稿都做了备份，有备无患。有周老师运筹帷幄，指挥若定，答辩很成功。后来才知道，我们的竞争对手大多不是准备不充分就是畏难却步，都放弃了，答辩就我们一家。"

2008 年，课题正式获准立项。回想整个申报过程，大家对周老师的高屋建瓴、举重若轻简直佩服极了。拿到项目后，周老师说："不仅仅是要完成任务，结题的评价还要是'优'。"2013 年，四川大学负责的课题被评为"特优"！大家又一次见识了周老师谋定而动、运筹帷幄。

随后，团队陆续加入了一批青年老师，计玉娟、杨火木、邓国亮、汪莎、周昊、张弘、王树同、杨超、李洪儒等。这些优秀的博士生毕业留校后为团队带来了新生力量，他们朝气蓬勃，刻苦钻研，为团队科研任务和重大项目的完成起到了重要的作用。

在电子信息学院，黄卡玛教授和周院士团队一起合作建立了电磁辐射能量传输表征及控制科技创新平台（"985"科技创新平台）以及无线能量传输教育部重点实验室。

"周院士加盟川大，即刻令同行们感受到各方面都大不一样了。"

周寿桓行走四川大学校园，大家对这个院士印象不一般：一是没架子，二是为人亲和。周院士穿着普通，皮鞋很旧了还在穿，吃饭就用饭卡在食堂吃，有时也去"学生灶"。有一次，他在校园公用电话亭打电话，学校保安看不过去，便向学院领导反映："专门请来的院士，怎么办公室连电话都没有？"他后来解释说，原来是自己有私事，需要打长途，就到外面去打了。见到周院士如此公私分明，大家感慨又敬佩。

学院蒋斌书记最知内情。他说："周院士一来就对我们约法三章，有言在先。反对特殊对待他，要我们把他当普通教师看待。绝对不吃请，'所有领导部门的饭，我都不吃'；食堂吃饭不许人陪；不允许任何的慰问或者看望。院士用车由学校安排，校

周寿桓参观学生成果展

办车管部门也说周老师一点派头都没有，从不计较用什么车，有时没好车子了，给他解释，他却称'代步工具嘛，只要管用就成'。"

十年一剑

周寿桓加盟四川大学，转眼十年有余。

"十年磨一剑"。这十年，他在四川大学搭建了一座科研平台，带出了一支科研队伍，取得了一批科研成果，为四川大学打磨出一支"激光之剑"。

提起十年巨变，团队老师们喜形于色，如数家珍：

我们实验室从前仅有一台老掉牙的激光器，其他仪器也很陈旧。如今"鸟枪换炮"，实验室设备200万元购置起家，这些年挣了钱便添置家当，仪器设备价值5000万元以上。千瓦级高平均功率激光器、光纤耦合半导体激光器、飞秒激光器等，应有尽有，科研硬件响当当。以前实验室只有四个人，其中一位老先生很快退休了。那时墨守成规，学了知识，传授给学生；也做一些项目，大都是自发的、随机的，靠兴趣做科研，学术视野不够开阔。现在我们团队十个人，九个中青年。周老师带着我们一路走来，我们仿佛站在巨人的肩膀上。主持了国家自然科学基金的重大科研项目，还参与了11所为首席科研单位、周老师担任首席科学家的军口"973"重大项目，另外还有多项国家重点预研和基金项目。就我们而言，这十年的收获，一是对科研的态度发生了质变，科研要围绕国家需要和社会需要作贡献；二是治学的态度变了，以前思想上没负担，觉得挺轻松挺开心的，自从跟了周老师，尤其认识到"学无止境"。周老师追求卓越，我们校长也崇尚学术，追求卓越。在这样的氛围里，从不自觉到自觉地自我加压，对学生要求也严了，治学也严格严谨了。

《20 世纪中国知名科学家学术成就概览》这样记载：

2009 年 1 月，他（周寿桓）领衔申请的国家自然科学基金重大项目"高功率全固态激光相关基础科学问题研究"获得批准，项目要求通过基础理论和试验研究突破两项标志性指标：平均输出功率 P ≥ 10kW，光束质量 ≤ 6 的全固态激光输出。

他（周寿桓）带领团队对废热产生的机理和热管理、高综合性能的激光介质结构与相应的激光腔和系统、微通道中流动压缩性和界面效应对传热的影响、新型主被动光束质量控制原理和方法、降低废热等对光束质量恶化的新结构和系统设计、高平均功率激光波前变化的时－空特性、谐振腔内外波前误差与激光束光束质量的关系、非线性效应产生机理和调控、光学材料和元器件的破坏机制（高功率激光与激光功能材料和光学元件相互作用微观动力学，激光功能材料及光学元件热应力－应变关系，激光功能材料及光学元件的疲劳、连续损伤机理，微裂纹的形成、扩展机制及抑制、材料缺陷及抑制）等相关科学技术问题进行了系统研究。

11 所团队，2010 年在中国首次实现平均功率 P=11kW，光束质量 β=3.1，连续工作时间＞100s 的高均功率、高亮度板条激光器输出，2013 年在此基础上，光束质量进一步提升到 β=1.7（P=13kW 时），为中国最高水平，超额完成了基金论证规定的指标，为国内相关研究打下了良好的基础。

值得一提的是，由四川大学牵头、周寿桓负责的"高功率全固

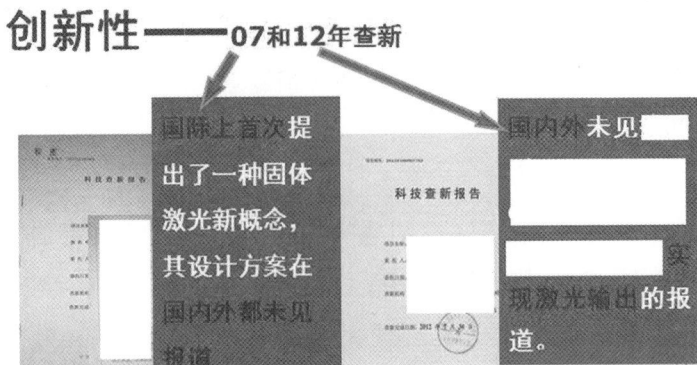

"973"申请最后一次答辩和结题时的查新

态激光相关基础科学问题研究"项目，该项目有三个课题，他负责的课题一和课题三被评为"特优"，对国家自然科学基金来说，这样的评价是很高的了。

还有，隶属国防口"973"计划的国家安全重大基础研究项目"中红外掺杂纳米晶量子点固体激光研究成果"，《20世纪中国知名科学家学术成就概览》记载："2005年在国际上首次提出一种新概念激光，2012年观察到激光输出，为国际首创。"而这一新概念激光，正是11所和四川大学联合攻关，在新型激光技术实验室用飞秒激光获得到的。

团队老师为他分担了来自各方面的压力。他们坚持到底，笑到最后，分享了科研成果的喜悦，也默默忍受了一些不公。特别是几位青年教师，邓国亮、杨火木、杨超、张弘、杨丽玲、冯琛、阴明、易家玉、姚轲、闫光、王树同、张亚筠、杨先衡、张宇琴、戴深宇、宁守贵等。他们夜以继日在实验室工作，获得许多创新性成果，为"973"以及"十二五"项目的完成作出了卓越的贡献。使周寿桓深感内疚和自责的是，由于他的疏忽，青年教师的劳动成果没有得到应有的尊重，有的竟被别人占有，甚至影响了按期毕业！

黄卡玛院长感慨道："我们学院总体上属于工科。周老师来了之后，特别强调大学做工科的，要瞄准国家重大需求。在他的引导和影响下，院士团队从源头上创新，在光学工程方面找准突破口，跃上一个新台阶，发生了质的变化。"

他十年间在四川大学带的博士生毕业了十几个，在读的还有十个。跟着他承担自然科学基金项目和"973"项目的博士生，有的没等到毕业就被外单位要走了。留在团队的也有几人，杨火木、邓国亮等就在其中。

杨火木是他 2006 年的硕士研究生，2008 年的博士研究生，深得导师真传。对于导师，杨火木如是说："周老师有很强的工程背景，很注重学生工程能力、动手能力的培养，他指导学生发表文章，很少有单纯计算机模拟就交差的，都有实践性的东西。他指导学生做实验，事半功倍。比如，新材料出光即使有，最初也很弱，仪器测不出来。照他指点，用铅笔涂在白纸上观察，果然很灵验。"

邓国亮说："我从川大本科毕业打算考研，发现电子信息学院有了院士，便去打听周院士是否招研究生。得到肯定回答后，就报考了。硕博连读，七年毕业。我从小理想就是当科学家，但那时我对科研一点也没有概念。自从跟了周老师，激起了我对科研的兴趣，点燃了我搞科研的激情。周老师把爱好、兴趣当作事业，一辈子都在做，非工作时间也在做，这一点对我启发很大。博士生的最后两年是与美国哈佛大学联合培养的。毕业时，尽管电子行业的公司待遇好，但是我还是选择了留校搞科研，为实现自己当科学家的理想而奋斗。"

周寿桓对学生讲："本科，老师布置的作业有标准答案；硕士，老师布置任务、指方向，可能没有标准答案；博士，除了老师给你布置以外，还要自己发现问题，找到有研究意义的点，然后去攻克。"邓国亮对此话印象深刻，他满怀激情，在发现问题然后去努力

周寿桓与研究生合影
（前排左起：杨火木、周昊、杨超、计玉娟、杨先衡、易家玉、殷家家、张涛；
后排左起：张华、母健、邓国亮、宁守贵、周寿桓、蒋斌、周晟阳、戴深宇）

攻克的路上，导师就是他的标杆和楷模。

李玮说她特别看重这个有院士领衔的团队。此前她在美国做联合培养博士生，只读了一年，考虑到课题的需要，提前归国投身科研。读完硕士读博士，可到了毕业时，四川大学不考虑女生留校。周寿桓努力争取，看能力不看性别，她才得以留在了导师的团队。李玮心怀感激的不仅仅是这一件事，她说："比如光的输出、光的泵浦之类的基础知识及其计算，光束质量指标参数之间的相互关系，推算探究，等等，这是周老师布置的任务。周老师非常重视基础研究，重视学生基础科研能力的培养，平时讲得多，要求严。他要我在这方面苦练基本功，指导学生，自己也受益。我干的几项大的课题研究，都是在周老师的安排和指导下完成的。"

在四川大学第一届"德渥群芳"组织文化建设先进科研团队评选中，周寿桓院士新型激光技术研究团队脱颖而出，榜上有名。材料中写道：

> 周寿桓院士领导的新型激光技术创新研究团队，以"崇尚学术，追求卓越。扎根科研，服务国家"的精神理念进行团队建设。近5年来承担国家自然科学基金重大项目、"十二五"预研、国家高技术"863"和"973"项目等20余项，科研成果丰硕，满足国家重大工程需求，并在 *Nature Nanotechnology*、*Nano Letters* 等一流期刊发表论文三百余篇，获得国内外专利数十项。

作为四川大学电磁辐射能量传输表征及控制科技创新平台首席科学家，周寿桓还协助黄卡玛成功申报教育部重点实验室。黄卡玛任第一届实验室主任，周寿桓任学术委员会主任。团队主要成员陈建国教授，长期带领、指导其他老师的研究和教学工作，获得四川大学"十佳教师传帮带奖"。

"德渥群芳"

周寿桓崇尚学术，追求卓越，当选院士后，又开辟了四川大学这一块"创新试验田"，乐此何极！

四川大学有周寿桓院士引领学术，浸透思想，团队茁壮成长，群芳争艳，硕果累累。

周寿桓胸怀家国，让大家学习到"扎根科研，服务国家"的精神理念。后辈感慨道："在我们团队中，大家各方面的能力都得到了锻炼，而且从来不会对科研缺乏激情。"周院士多次对团队说：如果搞科学科研真正做到完全是凭自己的兴趣，不关心有什么用处，那就能安心坐"冷板凳",就有可能创新。但现在基本上做不到,因为自己要吃饭,还要养家糊口,要有经费。所以现在还要努力结合国家的重大需求,一定要建一流的实验室,一定要做一流的科研,一定要培养一流的人才,这些算是给后人打基础吧!

他不仅为四川大学激光同行们带来创新的学术意识、严谨的科学态度,他的敬业拼搏、无私奉献,同样潜移默化,影响团队每一个人。他从来没有节假日,在四川大学的工作大都在节假日里去做。每

周寿桓与四川大学部分同学合影
(前排左起:计玉娟、周寿桓、往莎;中排左起:宁守贵、母健、张华、杨火木;后排左起:戴深宇、邓国亮、杨超、张涛)

次一头扎进四川大学的实验室,加班加点,习以为常。他的助手和学生自然效仿,渐入佳境。李玮感慨道:"这么多年了,周老师一点没有变,节假日常态化工作。2011年国庆节,他来四川大学指导项目答辩,忘我的精神真的很感人。"

杨火木说:"周老师说过多次,在一个团队做事情,一定要为别人着想。周老师正是这么做的,他为团队的发展注入了极大的心血,却把自己的得失名利看得很淡。他为团队的青年教师争取到出国研修、学术交流、职称晋升、津贴补助等各种名利机会,自己却不沾分

毫。青年教师和研究生待遇低，工作辛苦。但有的纵向课题不能给在职人员发放报酬，他就把自己的稿费分给研究生们。"在他的提议下，团队对刚入职的青年教师给予生活补贴；团队建设之初，他还把自己的钱拿出来用在实验室建设上。

周寿桓参加 2020 世界光子大会

周寿桓在四川大学有口皆碑，深得师生赞誉。校园电话亭打长途事后不久，有一次，一位同学发现周老师由于工作太忙了，午饭后来不及回宿舍，就在沙发上盖

周寿桓参观学生成果展

着旧窗帘午休。这件事同样一传十，十传百，赢得四川大学学子们的深深敬意。

在四川大学，周寿桓对青年学生的关心呵护是出了名的。学生们搬进新装修的宿舍，他送绿萝给大家美化环境；汶川地震时，远在北京的他打电话叮嘱大家注意安全；实验室有同学过生日，他嘱咐买蛋糕。周老师同周围的青年老师、学生都谈得来，毫无年龄代沟和身份隔阂。

杨超：2012 年，全国激光大会当志愿者时，周老师特别关心小同学，要我们年龄大的，一定要照顾好小同学。（博士三年级）

殷家家：周老师为了抓紧时间工作，常常利用吃饭的时间坐飞机，往返京蓉，太敬业了！（博士二年级）

李洪儒：周老师给我看论文，看得很仔细，标点符号也改，要求完美，教导我表达要准确。（博士三年级）

什江云：周老师一下飞机就进实验室，80 岁的人了，还那么有科研激情，工作热情，值得年轻人敬佩学习。（博士一年级）

宁守贵：周老师很平易近人，和蔼可亲。实验报告很细小的地方他也给指出来，对学习上的事要求很严。（博士二年级）

张涛：周老师平时对我们要求严格，我最佩服的是，他思维敏捷，逻辑缜密，能跟科学家交集，的确很荣幸。（博士二年级）

戴深宇：周院士看问题很深刻，角度把握得很好。（博士一年级）

杨光衡：周老师一是关心学生，二是科研态度严谨，他为了赶飞机，把我的论文刻盘带了回去，随后及时把意见反馈给我。我很感动。（博士三年级）

孙慧锦：老先生做学问严谨，待人平和，一点也没架子。（硕士一年级）

刘凤馨：我来不到一年，感觉周老师和蔼可亲，耐心教诲，很亲切。（硕士一年级）

张平：科研上全力扶持我们，对科研方案要求很细，还叮嘱我要锻炼身体。（博士一年级）

除了学习和科研，周寿桓还十分关心整个团队的身心健康。他倡导大家每周开展一次集体体育锻炼。他认为，集体体育锻炼有三大好处：第一，可以增强体质，从事科研没有好身体可不行；第二，可以促进交流，成员之间谈谈心，有利于舒缓心情；第三，可以磨炼性格，科研工作有时候是很枯燥的，毅力在这种时刻显得尤为重要。

尽管来去匆匆，相聚有限，但周寿桓已经完全融入四川大学这个群体了。七十五岁寿诞时，实验室的老师同学们给了他一个大大的惊喜：大家准备了大蛋糕，学生们团团地围着祝他生日快乐，还准备了小礼物。周寿桓在大家的祝福下过了个热闹的生日，觉得自己很幸福。

浓缩的人生

在周寿桓四川大学办公室墙上，挂着两幅书法作品，一幅是谢和平校长题写的"执鞭抒真义，玉壶鉴冰情"横幅，另一幅是杨超同学的"愿为人梯托俊彦，但求薪火有传人"条幅。

川大十年，堪称他人生的浓缩，显示出人格魅力。对于青年教师及学生来说，他既是学业导师，又是精神教父；甚至有党员干部说他"比党员还党员，是百分之百的党外'布尔什维克'"。

学院书记蒋斌有感而言：

周老师在我们学院十年，一是不计名利，甘做人梯。他来之后，发挥"大师"作用，帮我们带出了一支队伍，取得了一批科研成果，实现了四川大学国家重大项目"零"的突破。谢和平在校长大会上总是说，周院士两年就把四川大学光学工程科研带起来了。申报项目、做课题，都是他培养的人在挑头干；评奖也是，大家都清楚他是付出最多的；还有发表论文，能不署名尽量不署名；他为学校募集了奖教金赞助，按规定要提成奖励他100万元，他坚决不要。他经常教导我们班子成员，不要亏待年轻人，多考虑下面的同志。

二是忘我奉献，为人楷模。周老师来的时候是六十九岁，他把时间当生命，对时间的珍惜远远超出我们的想象。他刚来那年的大年三十，他跟大家讨论申报课题的事，一直忙到晚上八点多，把其他人都赶回家了，自己又忙了一阵才出去吃饭。除夕夜，小食堂都打烊了，黄院长得知后责怪说，院士还没走你们怎么走了？也是第一年春节，他约黄院长过完年去北京商谈工作，我们都以为怎么也得过了初五再去，谁知周老师要黄院长大年初二来北京。

周院士来了之后就跟我们约定不吃请，不接受看望。有一段时间他劳累过度，需要住院治疗，联系了我爱人所在的中医药大学附属医院。他再三交代，不准跟学校说，也不准别人来看望。我跟黄院长商量，无论如何都得去看望，谁知我俩去了他很不高兴，把我俩训了一顿。这中间还发生了这样的意外，他在医院也不忘工作，边输液边打字，又不准护士随便进出。结果他忙忘了，盐水瓶子早空了竟没发觉。事后，他还说："住了七天院，写了两篇文章，两全其美。"我问他，都一把年纪了，咋能这么玩命地工作？他说："工作对我来说，就像上了瘾，一天不工作，会难受的。"

周院士的大师大爱，让我受宠若惊。有一次，我骨折住院，他知道了要来看我。我和爱人很感动。他却说："你是书记，我是教师，理应来看你"。

黄卡玛院长的父辈是搞原子弹的科学家，导师是"中国微波之父"林为干，是名门之后，名师高徒。提起周寿桓，黄卡玛感慨万千："我从小到大，都在充满科学理想的氛围中熏陶，自认为我已经很努力了，对照周老师，我差得太远。周老师一心扑在工作上，把事业看得比生命还重要。我记得他修改了好多天的报告，临走又改了再改，只好改签坐最后一班飞机了。"

周寿桓有一句出名的口头禅：国家需要就是我们科研方向，国家急需什么我们就科研什么、发明什么。

大师有大爱

周寿桓在一篇回忆文章中这样写道：

一个人在大学里（包括研究生阶段）不可能学到今后工作所需要的全部知识，何况在当今新学科不断涌现的"知识爆炸"时代，因此一定要培养自学的能力。我深深感谢在中国科大期间让我终身受益的基础知识学习，建议青年朋友们学好数学、物理这两门课，它是从事新专业的基础。现在大学里各专业都开设数学，学时较多，非常好。但物理这门课没有得到应有的重视，特别是有的工科专业，学习物理是大有好处的，希望得到加强。

没来四川大学之前，周寿桓对现在大学的实情就略知一二。在四川大学时间长了，感到一些问题虽然已有很大改观，但仍觉不够。其中，最令他牵挂的是青年教师的晋职和待遇问题。

学校和学院都极为重视青年骨干人才的培养，陆续出台了多项配套措施。例如，已实施多年的公派出国进修和与国外一流大学联合培养等。而且，学校和学院都竭力想方设法在国家政策允许的情况下提高他们的生活待遇。周寿桓也希望在这方面能做点事情，为学校分忧，于是想到社会捐款。他认为，捐助单位要有正当资质，要有对社会的爱心，来路不明的钱不要，且自愿捐款；不能变相做广告；要符合学校"接受社会捐助"的相关规定。联系到企业后，他向学院书记、校基金会和外联办作了汇报。该企业连续多年捐助贫困山区、建设希望小学、帮助山区"留守"老人发展生产等。2015年4月21日，为了支持四川大学教育事业发展，成都宏川酒业有限公司与四川大学教育基金会签订了总额为1000万元的捐赠协议，用于四川大学奖学奖教金。经与捐赠方沟通，确定此笔捐款的名称为"四川大学·五粮春教育基金"，捐赠方授权周寿桓为代表，全权负责监管捐赠款的使用。每年200万元，合同签订当日，首笔200万元到达基金会账户。

这真是个大惊喜。原本仅考虑为电子信息学院做点事的周寿桓，展现了大局观，他改变初衷，决定从全校角度处理这笔捐赠。他和学工部、教务处、人事处、外联办、电子信息学院等相关部门负责人协商，将捐赠款用于以下几个方面：设优秀青年教师奖，每年75万元（教务处负责）；设奖教金，每年24万元（电子信息学院负责）；设学生科技竞赛基金，每年10万元（电子信息学院负责）；设优秀学生奖学金，每年11万元（电子信息学院负责）；设青年社科之星奖，每年20万元（社科处负责）；设创新创业之星奖，每年20万元（学工部负责）；设思政教师奖，每年20万元（学工部负责）；设优秀管理人员奖，每年20万元（人事处负责）。

周寿桓抱着对捐赠企业负责、对学校负责的态度，特别强调每一分钱都用在优秀青年教师和优秀学生身上。按照四川大学教育基金会规定，此笔捐赠要给他个人奖励100万元，他坚决拒绝；学院要奖励他，也被他一口拒绝了。从2015年12月到2016年12月，"四川大学·五粮春教育基金"八个奖项首次实施评选：优秀青年教师奖两年奖励 30 人；奖教金两年奖励 24 人；学生科技竞赛基金两年奖励 126 人；优秀学生奖学金两年奖励 22 人；青年社科之星奖两年奖励 20 人；创新创业之星奖两年奖励 163 人；思政教师奖两年奖励 30 人；优秀管理人员奖两年奖励 20 人。

榜样的力量是无穷的。学院一级的领导同周寿桓一样，纷纷婉拒了参与评奖。

心向至善，胸怀苍生。周寿桓大师大爱，高风亮节，情系教育，心向后来人，在校园广为传颂。

不是尾声

1978 年 3 月，全国科学大会在京召开，周寿桓刚刚四十出头。科学的春天到来了，他为之奋起，攀登事业巅峰，书写经典人生。

2016 年 5 月，全国科技创新大会、两院院士大会、中国科协第九次全国代表大会在京召开，作为院士的周寿桓，出席见证了这一盛会。习近平主席在这次大会上讲道："要尊重科学研究灵感瞬间性、方式随意性、路径不确定性的特点，允许科学家自由畅想、大胆假设、认真求证。要让领衔科技专家有职有权，有更大的技术路线决策权、更大的经费支配权、更大的资源调动权。"

他的人生像一条河，有时风平浪静，有时波涛四起，有时大浪淘沙，有时破浪前行，有时蜿蜒逶迤，有时河床开阔笔直……

他的人生像攀登一座高山，他以"人民的利益高于一切"为原动力，奋斗不息，登山不止。不惧荆棘，不畏崎岖，更不怕艰险，筚路蓝缕，风雨砥砺，终于登上了科学的高峰。

立于科学之巅，他一览众山小！

自　述

　　听说，姥爷十分疼爱我母亲。母亲娘家有舅舅、姨妈、表兄弟姐妹等好几十人。我就出生在这样一个大家庭里。巴金先生和姥爷是邻居（斜对门），他在小说《家》中描写的情景我非常熟悉，也感到很亲切。只是记忆中我们这个大家庭比他们团结，没有小说中那么多矛盾。至今，我们表兄弟姐妹间仍然友好相处。小时候，十来个孩子一起上学、玩耍，淘气的事不少。在这样的环境里也使我喜欢集体生活，性格开朗，珍惜友谊。

　　母亲很善良，虽不每天吃斋念佛，但从不杀生。父亲是个小职员，工资够家里零用。记得有一年，物价飞涨，父亲发薪水那天，我和哥哥等在他单位门口，刚领到工资就飞奔去换银元，结果没换到。那时一个月的工资只够买手纸。幸好住在舅舅家，全家"吃饭不要钱"，不至于饿肚子，但平时很少有零花钱。即便在这种情况下，母亲对穷人总是尽力帮助，甚至邻居家的保姆有委屈也找她倾诉。

　　带我长大的是母亲幼时的保姆，我叫她婆婆（北方叫奶奶），我记忆中她从未领过工资，还用她自己的积蓄给我缴学费，完全是我们家庭中的一员。可惜1960年，年过八旬的婆婆，因严重营养不良而病逝。

　　母亲和婆婆让我懂得了做人要勤俭、善良，受人滴水之恩，甘当涌泉相报。但我对她们却没有来得及报答！我工作十几年没有涨工资，还要养活儿女，每月只能省下十元钱寄回家，以表寸心。

母亲和婆婆没有享受到好日子，我内心十分愧疚！

幼年记忆最深的是日本鬼子的空袭。有时正在上课，警报响了，老师就带领着我们往空地里躲，如果来不及就钻到课桌下。有时警报半夜响了，母亲拉着我们跟着人群往城外跑。那时即便摔倒跌破头，再痛也不哭不叫，因为大人说"小孩的哭声会引来日军飞机"。第二天上学时，同学们聚在一起免不了要谈论昨晚躲警报的见闻，谈得最多、最让人兴奋的是"黑寡妇"（陈纳德将军带领的美国"飞虎队"）打日军飞机的新闻。每次都是一位口才很好的同学讲得津津有味、栩栩如生，像是亲眼看到一样，我们也总是百听不厌。

上课、下课、跑步、集合时都要唱《义勇军进行曲》，全校师生一起唱，唱得群情激奋。老师常常鼓励我们要好好念书，学好本领，长大打鬼子。

幼年时，我还不知道爱因斯坦。那时我最崇拜大发明家爱迪生，读过很多他搞发明的故事，尤其是发明电灯的过程，让我听得着迷。我也想当发明家，科学救国。

我从小学起就喜欢数学这门课，得感谢我的启蒙老师！她姓王，那时大概二十来岁吧，是班主任，语文、算术都她一人教。她说话风趣，遇到困难的地方总是慢慢地启发我们，像在讲故事一样。同学们表现好，她就讲段故事以资奖励，我们都很爱听她讲课，"鸡兔同笼"这类问题听得饶有兴趣。上初中学了代数后，我仍然喜欢用算术方法来思考。

王老师还最先教我做人的道理。我的算术考试总能得满分，她很高兴。一次考试时，坐在旁边的一位同学偷抄我的答卷。他一边抄，一边嘴里还发出"咕唧咕唧"的怪声，让我很烦，就想整他。

因为他只抄答案，我就故意把每道题的答案后都加个0，而解题的过程是正确的。本想最后交卷时划掉最后的那个0，但却忘了改回来。发卷讲评时，面对老师的严厉批评，我委屈地说出了原因。她说："难道我看不出来？以后，心不要用在这上面！"不久调换座位时把我和那位同学分开了。这件事让我知道，做事要尽可能给别人留面子，更没有必要"使小心眼"。在她的影响和教育下，原本只知道淘气的我，开始努力学习，毕业时成绩进入全校前三名，母亲在家长会上领到给我的奖学金，高兴得逢人便讲。

王老师，您现在可好？祝您健康长寿！

小学毕业的假期里，我自学了初等代数和平面几何，并做完了书上的全部习题。遇到困难的地方没人问，自己要想好几天，想出答案后的喜悦真是难以形容。那时家庭作业很少，没有"题海战术"，也没有课外辅导材料。空余时间很多，我就把能找到的习题全部做一遍，学习总结、归纳对比、举一反三。现在尽管在工作中直接应用几何、代数这类初等数学的地方不多，但它对逻辑思维的训练让我终身受益。目前市面上的各种学习材料太多、太杂，学生们变成解题"机器"，学到可供终身受益的方法并不多。

初中时印象比较深的是老校长和两位班主任老师。老校长姓李，他的敬业精神全校佩服。他工作一丝不苟，又平易近人，从不大声呵斥学生，却极有威望。那时男女分校，我们隔壁就是女中。由于靠近郊区，除上学、放学外，女中总是大门紧闭。不知何故，门上的电铃对我们产生了极大的吸引力，一有空总要跑去按一按。等传达室师傅来开门时，我们已跑得无影无踪。此事告到学校，我们担心会被记过，害怕得要命。在全校讲评会上，老校长说："我以前有一个学生，参加工作后手指被机器'咬'了，据说此人上学时就喜欢按别人家的电铃。"一场大祸就这样幽默地过去了。我很感谢老校长的仁慈、宽厚。在他的影响下，在无数次的政治运动中，我从不给别人"上纲上线"，包括"文化大革命"中被批判的"阶级敌人"。

初一、初二的班主任姓彭，他教代数是一绝，还是第一个教我把数学用到日常生活中的人。他锻炼身体的唯一方法是走路，走得又快又"准"。不要说从他家到学校，即便是郊游，大家有说有笑地走过一段路之后，问他走了多远，他的回答总是令人惊异的准确。跟着彭老师，不仅数学越学越有趣，而且自觉地开始锻炼身体。我每天跑步去学校，风雨无阻。学校四周小河环绕，柳树荫翳，风景优美，是个天然游泳场，游泳成了我夏天里最喜爱的项目。

初三的班主任姓王，川大化学系毕业。她对我们似乎更注重品德的培养，表扬居多，批评极少，大概因为当时她最年轻，又负责团委的工作。

初中毕业时正值我国第一个五年计划开始，钢铁工业是重中之重，王老师常给我们讲要以国家需要为荣。恰好重庆钢铁工业学校来招生，大家踊跃报名，我们考上的几个同学受到她热情的祝贺，祝贺我们毕业后能赶上为第一个五年计划效力。

中专的三年是刻苦学习的三年，同学之间没有猜忌，亲如兄弟姐妹，现在仍然保留着那时的友情，仍然怀念那时的集体。

这期间有两件事影响了我的一生。

从小学高年级开始知道用功念书后，初中、中专各科成绩较好，每次考试都在 95 分以上，因此常常自我陶醉在同学的羡慕中。那时学校全面学苏联，期终考试为面试（学生逐个到老师面前抽题，然后回答），并以 5 分制记分。教语文的王老师五十多岁，精于古典文学，口才极好，朗诵文章到悲惨处常常让人唏嘘。那年最后考语文，我顺利地答完题，看到他的给分，心中暗暗窃喜——又是一年全 5 分！老先生慢慢地翻完我的成绩册，一只手递给我，两眼像鲁迅先生描写的那样越过厚厚的镜片直盯着我，一字一顿地说："学如逆水行舟，不进则退啊！"在学业上，沧海一粟的我有何自满可言？从此，在求知的道路上不敢稍有懈怠。甚至在"文化大革命"中，"知识越多越反动"的年代，仍然偷偷坚持自学，春节的长假更是我闭门读书的最好时机，几十年来没有间断过。

进大学后，听说他被划为"右派"，原本瘦弱多病、孤身一人的他随后就这样悄然离开人世！

中专时无意中读到了一本小册子，是苏联人写的《意志与性格的培养》。书中对我影响最大的论点是：坚强的意志可以在日常生活中培养出来。我从小特别爱睡懒觉，每个假日总要睡得全身酸痛，实在难受才起床。于是，按书上的说法，预定一个目标，然后"坚持下去"。我把克服睡懒觉和长跑作为培养意志具体的方法。假日早晨无论多困，一定要按预定的时间起床；预定的长跑距离，无论多累也要坚持下去，绝不半途而废。直到大学毕业工作后仍在不断地、有意地磨炼自己。"坚持下去"让我养成了良好的生活习惯，身体得到锻炼，工作上也多次尝到了甜头。几次科研上遇到难题，夜里睡梦中常常惊醒，而且有的本不属于我的工作范围，完全可以找到退缩的理由，但都由于"坚持下去"而得以克服，做出一点聊以自慰的成绩。

毕业那年，我校选送三名学生报考大学的相同专业，我考上了重庆大学机械系。

大学期间应是一个人一生中长身体、学做人、学知识的关键时期。可惜，入学刚半年就来了"反右"。揪出来的"右派"大部分还叫不出名字，"右派言行"有的是会上发言，有的是私人交谈，有的是日记中写的感受。其错误大部分是对某领导或某党员不满，真正关系到国家大事的不多，且多半是对别的"大右派"的发言表示赞同而已。我虽未在"反右"中受到伤害，却被吓了一大跳。随后的"大跃进"，尽管"思想不通，干劲大"，但使我对"又专又红"更感到神秘莫测，高不可攀，不知如何是好。

1960年，发生了令我人生转折的一件大事——转入中国科学技术大学物理系学习。尽管中科大建校刚两年，还没有完整的校舍，课堂就设在中科院的各个研究所，但老师们都是本行的顶尖科学家，他们知识渊博，治学严谨，授课深入浅出，旁征博引，让我听得入迷。在近代物理及相关数学知识的海洋里，我流连忘返。没有学习的艰辛，却有一种近乎完美的艺术享受，并深感自己的不足，进而激发起强烈的求知欲。我如饥似渴、近乎贪婪地学习，真想把浪费的时间加倍补偿回来。

令我难忘的老师很多：教低温物理的洪朝生先生、教统计物理的李荫远先生、教原子物理的张志三先生。钱临照先生教固体物理，他谦虚地说"只能讲最熟悉的一章"。年轻一些的老师都是出类拔萃的技术尖子，教量子力学的朱砚馨老师、教复变函数的诸老师。我与他们年岁相差不多，知识却差之甚远，他们便成了我心中的追求目标。大师们精深广博的知识、谦虚诚恳的态度、献身科学的精神、严谨细致的工作方法、高尚无私的道德，让我终身受益，永远是我学习的楷模。

做学生工作的老师们品德高尚，我记得最清楚的是游光陪老师，对同学满腔热情，推心置腹，什么苦差事他都抢着干。

尊敬的老师们，祝你们健康长寿！

毕业分配时要填写志愿，那时每个同学的三个志愿都是"服从分配"，是发自内心地以"祖国的需要"为荣。我被分配到国防部第10研究院第11研究所，到单位报到时才知道就在北京。

现在，我想学生自己应该有志愿，不要都推给领导。一个人如果能把自己的兴趣和国家、社会的需要结合起来，选择终生奋斗的专业，对一生的发展可能会起到至关重要的作用。每个人干自己有兴趣的工作，同样是以"祖国的需要"为荣。我的几个重要转折都是听从领导安排决定的，包括我所从事、热爱的专业。十分幸运的是这些安排都很适合我，但一些有天才的人可能被埋没。我的一位挚友，品德、业务都出类拔萃，由于种种原因而未能发挥作用，对国家实在是极大的浪费。

刚毕业就分配到这样一个部队编制的研究所，当时中国到处都是"政治挂帅"，特别是在部队，更是政治高于一切。但聂荣臻元帅顶风大力抓科研，整顿科研秩序，整顿科研作风，并规定了一个"六分之五"，即一周五天搞科研，一天（周六）搞（政治）运动，而且"雷打不动"。即便在"文化大革命"中，尽管周日的休息基本上都被占用了，但每周五天的时间保证，对一心想搞研究工作的我们是多么难能可贵啊！

衷心感谢聂帅，感谢您创立并保护了国防科研，感谢您对我们这些从事国防科研工作的"小兵"的培养、教导与关怀！

1964年，发生了使我人生转折的一件大事——钱学森先生提议研究所搞激光。最初，多种激光器全面开花，我参加半导体激光研究的筹建，约半年后全所统一为"固体激光及应用研究"。从此，开始了我为之奋斗一生，让我苦、甜、悲、喜的事业！

我在学校时还没有"激光"这门课，参加工作时也没有关于"激光"的教科书，更难找到可以仔细请教的人。于是，我详细阅读了图书馆能查到的所有有关文献，逐渐进入了当时还属于最新的这一学科，并开始了具有创新性的研究。我体会到要通过自学掌握一门知识，必须具有相应的基础理论和阅读文献这两个基本功。我大学时学俄语，英语是作为第二外语学习的，属于"哑巴英语"一类。即使学"哑巴英语"，"文化大革命"期间也是有危险的，我就学英文版的《毛主席语录》，以免把单词忘光。我衷心感谢朱砚馨老师，她送我一本英文原著《物理》，让我在学生阶段就开始学习阅读原文，刚一工作基本上就可以阅读专业文献，使我很快进入激光研究领域。

一个人在大学里（包括研究生阶段）不可能学到今后工作所需要的全部知识，何况在当今新学科不断涌现的"知识爆炸"时代，因此一定要培养自学的能力。我深深感谢在中科大期间让我终身受益的基础知识学习，建议青年朋友们学好数学、物理这两门课，它们是从事新专业研究的基础。现在大学各专业都开设数学，学时较多，非常好。但物理这门课没有得到应有的重视，特别是有的工科专业。学习物理是大有好处的，希望能够得到加强。

我还深深感谢在中科大时老师教我们阅读文献的方法，让我懂得没有绝对的真理，任何正确的理论都是在一定条件下才成立的。要努力吸收别人的成果，但不要囿于已有的结论，要思考，这对研究工作很有帮助。

激光出现初期，有大量关于光学谐振腔的论文，我正是通过阅读、学习这些论文，逐渐掌握有关的理论知识。其中，A. G. Fox 和 T. Li 用计算机模拟计算腔模的形成过程最为形象、生动，后来在教科书里也广泛引用。其结论是：为形成稳定的场分布，光束在腔内大约需要经过 300 次来回振荡。在某一工程应用时，"约需要 300 次来回振荡"成为能否使用激光的障碍。经过分析和试验发现，在电光Q开关激光器中，大约只要十几个来回振荡就能形成稳定的场分布。Fox 和 Li 是对空腔进行分析，其结论是正确的。但对电光Q开关激光器，腔内具有高度粒子数反转的工作介质，形成稳定场分布的过程当然要大大加快。

谐振腔理论的另一个熟悉的结论是：稳定腔的阈值低，容易实现激光振荡。因此，早期的激光器都采用稳定腔。20世纪60年代中期，A. E. Siegman偶然发现采用非稳腔可以在输出大能量的同时保持良好的光束质量，因此很快发展成为高功率激光器的一种首选。但由于阈值高，当时认为只能用于大口径的工作介质，如CO_2激光器、Nd玻璃激光器等。11所研究的重点是Nd：YAG激光器，对它情有独钟，当然希望能用上非稳腔的优点。1979年，在仔细设计方案、精心制作元部件和反复改进试验后，成功地突破常规最先将非稳腔用于小尺寸的Q开关Nd：YAG激光器。这一工作获得了电子工业部科技成果一等奖（当时还没有设立国家科技进步奖）。

专业确定之后，如何选择主攻方向是一个极其关键的问题，它关系到一个单位的研究工作能否持续发展，经久不衰，对个人的作用更是不言而喻。1965年，梅遂生室主任提出"以光雷达为纲"的方针，开始了紧密结合应用、独立自主的创新型研究。1969年，11所完成了第一台样机的外场试验，随后又开始装备靶场，完成了多项重大工程试验任务。当时国内外都没有成功的报道和可供借鉴的资料，十几年后从解密资料才看到国外先进工业国家几乎与我们同时在进行研究，而我们的工作在某些方面还独具特色。今天，在国际激烈竞争的环境下，11所能在固体激光领域占有一席之地，离不开那时确立的方向、打下的基础、培养的人才和锻炼的队伍。

那时生活条件比较艰苦，工资很低，没有加班费，但大家仍然不计劳苦，不计报酬，自觉加班加点工作。在这样的环境、这样的集体里，我在科学精神、工作作风、业务能力、团结协作、知识积累上迅速得到了锻炼和提高。

研制激光雷达首先需要高重复频率工作的激光器。20世纪60

年代中后期，可供应用的还只有属于三能级系统的红宝石激光器（CO_2 激光器不属于 11 所的研究领域），要工作在不低于 20 次 / 秒的高重复频率遇到了很大的困难。主要原因有两个：一是当时泵浦用的闪光灯本身就不能高重复频率工作，这个大难题经张昌达、陈林棠领导的攻关得到满意解决，从而保证研究工作得以顺利进行；二是闪光灯属黑体辐射，其发射谱与红宝石晶体的吸收谱不匹配，大量红外辐射使晶体"加热"造成严重的热效应。因为我有较长时间在准备半导体激光器研究，自然想到为什么不用光谱纯的激光二极管（LD）代替闪光灯做泵浦源？更为可喜的是，11 所研制的新晶体 Nd：YAG 有了很大进展，Nd：YAG 的 808 纳米和 885 纳米吸收带都可能用 LD 泵浦。尽管当时用 LD 要达到需要的准确波长和能量还有困难，但用发光二极管进行初步试验已有可能。因此，中级职称都没有的我，提出了用二极管泵浦固体激光器的若干技术设想，并在领导的支持下开展了初步的研究工作，这是我国最早开展二极管泵浦固体激光器研究之一。那时还注意到用 LD 泵浦 Yb：YAG 等被埋没的准三能级系统可能有特殊的应用价值。可惜当时正值"文化大革命"，二极管不过关，发表论文更是"资产阶级个人主义"。因此，总体工作进展不理想，保留下来的资料也很少。80 年代中期，国际上由于 LD 取得突破，二极管泵浦固体激光器技术引起广泛重视，并获得迅速发展。我国也从"文化大革命"的动乱中解脱出来，备受鼓舞的我，在技术准备的同时，努力联系协作攻关。

1994 年 8 月 5 日，我去美国纽约市立大学亨特学院做高级访问学者，1996 年 12 月 29 日回国。1997 年元旦一过我就上班了，随后，做出了由我自己选择决定的一件大事——坚持辞去班长职务，并推荐我的一个学生担任。这样，我可以得到一些解脱，也留给他们更多地展现自己才能的机会。11 所集体转业后，出于习惯一直沿用部队时的某些称谓。班长是科研的基层，一个班里有几个课题组，我当时那个班里就有 5 个课题。班长要全面负责所承担的课题，遇到技术难关常常急得夜不能寐，还要负责申请经费、专业发展以及班内成员的奖金分配等，是个"无品芝麻官"，却有不少业务外的杂事。当然也有好处：课题获奖排名在前，工资、奖金都要高些，甚至个别班长分配奖金时严重不公，组员敢怒不敢言。我出国时就向领导保证要按时回国，挣钱的目的是不再为工资发愁，干点自己想干的事情。我主动辞职一事在所里大概还算头一次，因此有人怀疑我是想"撂挑子"，其实我连礼拜日也带着学生在实验室工作，专心攻克二极管泵浦固体激光器，使之走出实验室应用到工程上，以了夙愿。

现在，11 所全部国产元件的二极管泵浦固体激光器技术已经取得了非常可喜的进展，打破了国外的封锁与禁运，在很多工程应用上发挥了重要作用，获得了国家发明奖、国家科技进步奖和多项专利。作为为之奋斗的一员，我感到欣慰！

回顾过去，我体会到，要学会吃苦才能有出息，躺在"安乐窝"里是做不出成绩的。现代科技发展需要大团结、大协作，居里夫妇两个人就能完成的重大科技项目的情形现在基本上不再有了。

我这一生很幸运，各个阶段都遇到了良师益友，没有他们的教导与帮助，我是不可能有今天的！

青年科技工作者朋友们，你们今天所处的时代、环境，比我们强了千百倍，可要珍惜啊！

周寿桓

大事年表

时间	事件
1936 年 8 月 27 日	出生于四川省成都市正通顺街 105 号
1951—1954 年	就读于成都市市立男子中学（现成都市第八中学）
1954—1957 年	就读于重庆钢铁工业学校（现重庆科技学院）
1957—1960 年	就读于重庆大学
1960 年	转入中国科学技术大学
1962 年	分配至国防部第 10 研究院第 11 研究所（11 所），工作至今
1964 年	开始从事固态激光的应用和研究
1967 年	首次提出的全固态激光正式列为国家基础研究项目
1969 年	参加国内首次激光对运动目标（飞机）的跟踪、测距试验
1979 年	任中国电子科技集团有限公司第 11 研究所工程师
1983 年	"高重复频率非稳腔 Nd：YAG 激光技术"获电子工业部科技成果一等奖
1987 年	任中国电子科技集团有限公司第 11 研究所教授级高级工程师
1987 年	"YAG– 染料 – 喇曼移频宽调谐激光系统"获国家科学技术进步奖二等奖（1986 年获电子工业部科技进步奖二等奖）
1991 年	被评为机械电子工业部年度有突出贡献专家，享受国务院政府特殊津贴

时间	事件
1992 年	"高功率、多波长 YAG 激光器"获国家科技进步奖三等奖
1992 年	获光华科技基金二等奖
1993 年	"XUZ01 气象激光雷达（军工产品设计定型）"获电子工业部科技进步奖二等奖
1993 年	"跑道视程、斜视视程和云高激光探测系统"获国家科技进步奖三等奖（1989 年获中国民航科技进步奖一等奖）
1994 年 8 月—1996 年 12 月	美国纽约市立大学亨特学院高级访问学者
1995 年	"高光束质量多波长激光器"获电子工业部科技进步奖二等奖
1996 年	"高能量脉冲掺钛蓝宝石可调谐激光器"获电子工业部科技进步奖三等奖
1997 年	任中国电子学会量子电子学与光电子学分会秘书长
1998 年	任中国电子科技集团有限公司第 11 研究所博士生导师
1998 年	"二极管泵浦的 Q 开关单纵模激光"获国家技术发明奖二等奖
1998 年	"机载激光探潜试验系统"获教育部科学技术奖一等奖
1998 年	兼任西安电子科技大学教授、博士生导师
2002 年	"二极管泵浦中小功率固体激光器"获国防科技部三等奖
2002 年	"高重频大能量可调谐激光器"获国防科技部三等奖
2003 年	被评为中国工程院院士
2004 年	"激光水下目标探测关键技术研究"获国防科技部二等奖
2004 年	中央直接掌握联系的高级专家

时间	事件
2005—2009 年	兼任南开大学陈省身研究所讲习教授、博士生导师
2005 年	任工业和信息化部电子科学技术委常委（现为顾问）
2006 年	任四川大学讲习教授、博士生导师
2006 年	任全国光辐射安全和激光设备标准化技术委员会副主任委员（现为顾问）
2007 年	任国防科技创新团队（首批）学术带头人
2007 年	任固体激光国家重点实验室学术委员会主任委员
2008 年	任中国电子学会量子电子学与光电子学分会主任委员（现为名誉主任委员）
2008 年	任高功率半导体激光国家重点实验室第三届学术委员会主任
2009 年	任国家自然科学基金重大项目"高功率全固态激光相关基础科学问题研究"首席科学家兼课题组长
2009 年	任国家安全重大基础研究项目"中红外掺杂纳米晶量子点固体激光应用基础研究"技术首席兼总体组组长
2009 年	任北京理工大学顾问教授
2011 年	任四川大学电磁辐射能量传输控制及表征科技创新平台首席科学家
2016 年	"高平均功率高光束质量全固态激光关键技术"获四川省科技进步奖一等奖

后　记

　　2018 年初，接受《周寿桓传》的写作任务，这对于我们来说是一件十分高兴的事。

　　孩提时代，科学家在我们印象中是十分神圣的，他们是人类智慧的创造者、发明者。在学校，我们聆听老师讲科学家的故事，讲电灯的发明者爱迪生，讲经典力学体系的建立者牛顿，讲近代试验科学的奠基者伽利略，讲明代"药圣"李时珍，等等。从此，我们知道了每一位科学家光芒的背后，都有鲜为人知的故事，其中有喜悦、有痛苦、有艰辛，也有幸福和感动！科学家们辛勤的努力、不屈的精神、坚定的信念，永远是激励年轻人成长的动力，是净化人类灵魂的精神食粮！

　　在一个春意盎然的日子，我们怀着崇敬与仰慕的心情，采访了周寿桓院士，听他讲述童年故事、求学困惑、参军经历、科研思路以及情感友谊，讲述那一段段曲折的往事，那一个个研究发明成果背后的艰辛，还有团队的精神与勇往直前的信心和决心的动因。

　　通过采访、消化资料，一个平凡而普通、立体而真实的科技工作者周寿桓站在了我们面前，一个新时代的楷模、国之重士、光明的使者与激光专家周寿桓站在我们面前！

　　为了回答"钢铁究竟是怎样炼成的？"我们沿着周寿桓实现梦

想的道路，一路探寻……

曾经，有多少个阳光明媚的清晨，周寿桓在绿树成荫的步道上，沐浴晨风，手握书卷，背诵李白的《蜀道难》，那一声声上千年沉重的历史叹息，触动了周寿桓科学救国的心……

曾经，有多少个日日夜夜，周寿桓在实验室里计算一道道人生的课题；他的双眼活跃在方程式上，他的双手触摸在科学研究与实践的分水岭上，他用报国之志研究新项目，他用新成果创造新生活，他用如诗如歌的旋律礼赞激光世界！

曾经，周寿桓用一颗平凡的心，与科研的思想、奇妙的构思、辛勤的汗水以及人格魅力融合在一起，谱写了一曲曲追逐梦想之歌！

我们被周寿桓刻苦学习、立志成才的精神所感动，我们被他历经坎坷、追逐梦想的坚强意志所感动，我们被他顽强拼搏、报效祖国的家国情怀所感动！

于是，我们用心记录了周寿桓走过的崎岖的道路，用情记录他一段平常的生活，用忠诚记录他与激光事业刻骨铭心的缠绵与执着……

一切，都是为了忘却的纪念！

我们在采访期间，得到了中国电科集团公司领导的大力支持，得到了中国电科集团第11研究所广大干部员工的关心和帮助，得到了赵千、侯惠民、张靓、刘凡君、李红梅等同志的支持和帮助，在此一并表示真挚的感谢。深入采访的过程，是把握主人公思想脉络的过程，是了解主人公一生奋力拼搏的过程，是学习认识主人公用热血书写忠诚、用生命践行使命的过程。

在人们的心目中，周寿桓是一个有信仰、有情怀、有担当、有贡献的科学家。而我们的责任是，不辜负重托和期望，讲好周寿桓的故事，写好周寿桓的事迹，传播好周寿桓的精神，向社会展现一个真实、立体、全面的周寿桓形象。

我们衷心祝愿周寿桓院士老当益壮，继续率领科研团队，励精图治，顽强拼搏，为中国的光电事业走向世界再创辉煌！

周寿桓
传

作者简介

姚远，中国国防科技工业文化交流协会副秘书长、军工文化首席专家；中航出版传媒有限责任公司副总编辑、《军工文化》杂志主编；陕西省作家协会会员，编审。在全国多种报刊媒体发表多种体裁文章约 200 多万字，出版有散文、小说集《草根流年》，企业专访、报告文学集《天之舞——中国航空工业高端访谈录》以及长篇报告文学《生命之光》《逐梦之旅》，人物传记《关桥传》《王小谟传》，电视剧本《遥指苍穹》（与刘凡君合著）等，其中《遥指苍穹》荣获首届中国工业文学大奖赛剧本类三等奖和网络人气奖。

王卫平，陕西铜川耀州区人，中国作家协会会员，中国青年作家学会董事会常务董事。著有中短篇小说集《山桃》等。1999 年以来，专注生态文学创作，致力于生态文化传播，创办陕西省生态文学研究会且经营 20 年之久。著有生态文学集《绿色回归线》《蓝天在上》；主编生态文化丛书，先后出版《墨绿无涯》《大地诗学》《守望野性的家园》《秦岭——大熊猫家园的故事》等。